# 中国語圏映画、この10年

娯楽映画から
ドキュメンタリーまで、
熱烈ウォッチャーが
観て感じた100本

小林美恵子
KOBAYASHI Mieko

アトリエサード

# 目次

## IV 戦う映画――カンフー・アクション・武侠片

## V 若者たち

## VI　監督で見る映画

# はじめに

みなさん、こんにちは。

日本語学研究者で日本語教師の私にとって、映画の本を出すのは初めてのことです。それも、なんと中国語圏映画…つまり、中国本土、台湾、香港、シンガポールなどの地域で、中国語（普通話）や、広東語などその方言で作られた映画です。特に中国語が得意なわけでもなく、映画についての専門知識があるわけでもない、ただの映画好きにすぎなかった自分が、今のような「中国語圏映画ウォッチャー」になるとは、実は二十年前には思ってもみませんでした。

中国語圏映画の世界にはまってしまったのは、ちょうど二十年前、中国瀋陽の大学に派遣されて日本語を教えていた時のことです。今はずいぶん変わったことでしょうが、当時の瀋陽にはまだまだ文化的な施設などは少なく、私のいた大学が工業地区の真っ只中にあったこともあって、あまり遊びにいくようなところもありませんでした。ただ、隔週ごとの夜、職住近接で教員宿舎もある大学構内の講堂で映画会が催され、それが唯一の文化的娯楽といってもよかったのです。長いベンチ、足元はザクザクと、ポップコーン代わりに学生が食べるヒマワリの種の殻の音も懐かしい講堂でいろいろな中国映画、香港映画を見ました。

中国映画を見る習慣は帰国してもとの仕事に戻ってからも、なぜか残りました。日本国内での中国語圏映画上映はそんなに多くはありません。しかも大概は単館上映。ですので目的の映画、目的の場所を目指し追っかけて歩いても、なんとか歩き切れたというわけでしょう。国内外の映画祭に出かけて集中的に映画を見たりもするようになり、とうとう今や大学で「映画を通して学ぶ日本の社会とことば」などという科目まで開講しております。とは言ってもここでは日本映画を題材にしているのですが。

そんな中で出会ったのが東大教授藤井省三先生のカルチャーセンター講座の受講生を中心とする中国映画・文学愛好グループです。藤井先生をはじめ、プロの映画関係者も含む年季の入った中国語圏映画ウオッチャーのみなさんに囲まれて、新しい映画情報をもらい、映画の見方を教わり、台湾や香港などにロケ地巡りの旅をしたりして、おのずと我が中国語圏映画熱も昂じて行ったわけです。

そのグループのつながりで二〇〇四年三月、『トーキングヘッズ叢書（TH Series）』（アトリエサード）に、中国語圏映画紹介・批評を書いたのを皮切りに、〇五年からは「よりぬき［中国語圏］映画日記」として、三カ月ごとの連載を続けてちょうど十年になりました。本書はこの連載をもとに加筆修正し、まとめたものです。

連載では、その時々に話題になった映画や、これから公開される映画の中から、心に留まったものを取り上げ、紹介・批評しながら、その時々に作品を見て考えたことを書いてきました。掲載順に読み返すと、書いた当人にとっては、その時や自分を思い出すよすがにもなり、感慨深いところもあります。

しかし、十年とはいっても、時間を経てしまうとバラバラなままのテーマではまとまりがなく、分かりにくいだろうとも思われ、本書では各連載をⅠ「社会を描く」、Ⅱ「歴史の記憶」、Ⅲ「中国映画のジェンダー」、Ⅳ「戦う映画」、Ⅴ「若者たち」、Ⅵ「監督で見る映画」の六つのテーマに分けて整理してみました。とはいえ、二つ以上のテーマにまたがる内容の回もあり、どこにも入らず苦し紛れの区分けをした回もありで、これはあくまでも目安です。各章の掲載については連載順にし、各回末尾に連載時の掲載年・月・『TH叢書』の巻数を入れました。

このような整理に基づいて、本文ではおもに時間に関する記述を具体的なものに書き直しました。連載当時日本では未公開だったり、映画祭上映での題名が劇場公開とは違ったりというものもありますが、それらを含む全体について、情報やことばを補って、「今」の時点から読めるようにしてあります。映画題名は連載時とは異なり、日本での劇場公開作品については公開時の邦題にし、巻末に原題その他の情報を含む「掲載映画一覧／監督・スタッフ索引／俳優・出演者索引」をつけて補いました。

映画には光も音も物語もあり、多くの人がかかわって作られます。映画を見ることは、そんな多くの映画作りにかかわった他者の、映像に表わされた感性や思考と出会うことであり、それを通して自分と出会うことでもある。それが何より映画の楽しみだと思います。

他者の中には同じ映画を見た人々も含まれます。映画作品に関する言説は文学よりも音楽よりも美術作品に対するよりも盛んに行われますが、批評によって作品が完成していくという側面がより強い芸術なのでしょう。自分が見たのとはまったく違う批評に出会い、その作品に対する見方がさらに深まったり変化したりということがよくあります。

中国語圏映画という位置がまた絶妙で、同じアジア人どうしとして作者や出演者や作品という他者に共感をもって出会いながら、異文化であることも間違いなく、差異に、それはなぜ？と感じるところに観客として作品に参加する面白さがあります。

というわけで、読者のみなさんの映画作品完成の一端として、まったく私個人の興味や体験に偏した批評・論考ではありますが、少しでもお役に立てていただければと願っています。

たくさんのすばらしい映画を作りだした中国語圏映画のフィルムメーカーたち、それらの映画への眼を開いてくれた中国映画・文学愛好グループの仲間たち、そして、十年間の連載の場を与えてくださったアトリエサードの岩田恵さん、連載から本書にわたって担当として助言や編集作業をしてくださった鈴木孝さんに深く感謝し、お礼を申し上げます。

二〇一五年一月

小林美恵子

# I

# 社会を描く

# 淡々と現実を見つめる骨太な映画たち

## 『鉄西区』『生命（いのち）―希望の贈り物』『延安の娘』『緑色包囲』『上海家族』『冬至』

二〇〇三年には『ボーリング・フォー・コロンバイン』（マイケル・ムーア）のブレークもあり、『永遠のマリア・カラス』（フランコ・ゼフィレッリ）『フリーダ』（ジュリー・ティモア）『真実のマレーネ・ディートリッヒ』（J・ディヴィッド・ライヴァ）と実話ものが流行り、日本作品でも『白百合クラブ東京へ行く』（中江裕司）などが長期上映された。特に女性を描いた実話ドラマやドキュメンタリーが受けるのは、自分の生き方のほかに何か違った生き方があるのではないかと、見果てぬ夢を求める人々（女性）の願望の投影のような気がしてならない。

ところで中国にもなかなか骨太なドキュメンタリー映画がある。

**★鉄西区／中国〇三年／監督＝王兵（ワン・ビン）**

いやや、はやや、こんな映画を作るなんて、なんて勇気ある監督だ！　なにしろ全長九時間である。「鉄西区」は中国・瀋陽の重工業地区。実は私は一九九四〜五年に仕事でここに一年間住んだことがある。国営企業の不振があらわになり、街に失業者や、そこから転じた小規模自営業者が見られるようになり、貧富の差が拡大するという時期が始まっていた。この映画はその後の九〇年代終わりから約十年間の鉄西区を描く。

第一部は四時間の『工場』、経営が行き詰まり倒産への道を歩む三つの工場の現場や休憩室での人々の姿や会話が淡々と、長いカットで撮影される。第二部は三時間の『街』。取り壊しが決定した街に暮らす十七歳の若者（要するに街のアンチャンなんだが、十七歳といっても、体型はすでにオジサン、しかも常にネクタイに背広で現れる）とその周辺の人々。第三部は『鉄路』二時間、重工業地区の鉄西区には工場をめぐって原料を運び込み、製品を市外に送り出すための貨物専用の鉄路が敷かれ汽車（火車）が走っている。その鉄道員と、鉄道に寄生して生きる父子が主人公。

この鉄道は、瀋陽に住んでいたとき、夜になってあたりが静かになると、その音や汽笛が聞こえ郷愁を誘われたと、なつかしく思い出す。見覚えのある鉄西の街の景色は二回ぐらいしか出てこなかったが、全体の雰囲気は私が住んでいた当時とほとんど変わっていない。瀋陽中心部はめざましい変わりようだと聞くが、ここは時間が凍結してさびれゆく街なのだろう。

カメラの前で人々は延々と仕事をし、丸裸になって風呂に入り、口論する。その姿をカメラも静かに延々と追う。いつの間にかそこにドラマが生まれてくる。多少の字幕説明は入るが、ナレーションは一切なし。寡黙にして多弁という映画だ。

監督は三年ぐらいこの地に密着して撮影を続けたようだが、登場する人々は時に撮影者に仲間のように声をかけつつ、ほとんどカメラを気にしていないかのように自然に振る舞っている。そういうふうに対象に迫った監督はどんな人かと思ったら童顔・小柄な少年の雰囲気だ。多分持っているだろう強烈な意志とうらはらな、見かけのインパクトのなさが撮影された人々とのこういう関係を支えたのだろう。

ところで、中国東北人の男性には、大柄で鼻筋の通ったなかなか立派な顔だちをした人が多い。毛糸の股引（モモヒキ）をズボンの裾からはみ出させ、文革中に小学生だったから読み書きと算数の初歩以外はできないと独り言のように語る男性は目元涼しいアジアン・ビューティで、ちょっと切なくなる。淡々と生きる姿と、失職の不安や、見えない未来を抱えているだろうつらさと、それでもねばり強く這い上がろうとするたくましさも持つ、そんな人々の群像だ。

山形国際ドキュメンタリー映画祭二〇〇三年大賞受賞作。

**★生命（いのち）―希望の贈り物／台湾〇三年／監督＝呉乙峰（ウー・イーフォン）**

九九年の台湾大地震で家族を失った人々を描く。日本への出稼ぎ中に母と、母に預けた二人の息子を失った夫婦。その妻の、同じく幼い娘を失った兄夫婦。両親、兄弟、祖父母を失った十代後半の姉妹。一家全滅から兄と二人だけ取り残された女子大学生。この四組が、毎日家のあった山地に遺体捜索に行く姿から始まり、その後三年近くを追う。

夫婦が暮らしの中で支え合って立ち直り、新しく子どもを生んだり、また子どもがほしいと語れるようになるのに対し、若い人たちの喪失感は際立って深いのだと描かれる。無軌道な生活をし、ボーイフレンドと同棲する姉妹は妹が妊娠することでようやく生活と生きる力を取り戻す。一方、兄の結婚により疎外感を持ち、孤独の真っ只中にいると感じる大学生の精神的な危機は痛々しくカメラにさらされる。

この大学生は実際に監督の大学の後輩ということで、カメラのこちら側で彼女を気遣う撮影者の目を感じる。監督自身、病身で生きる気力を失った父と、数年前に亡くなって後も心の中で生き続ける友人を通して生と死について考えており、死んだ者が生きている者のきわめて近くにいるという感覚が人を救うのかとも考えさせられる。

子どもを持つのではなく、兄から離れ留学する大学生の再生への選択を、観客も監督とともに応援せずにはいられない。山形国際ドキュメンタリー映画祭二〇〇三年優秀賞受賞作。

中国のドキュメンタリーというと、単館上映、しかもモーニング・ショーなどということも多く、なかなか見るのが難しい。それだけに志のある作品に出会うとうれしい。以下はそんな二本の映画。一本は日本人監督が中国を舞台に撮った作品である。

**★延安の娘／日本〇二年／監督＝池谷薫**

『延安の娘』は、題名から想像されるような娘の親探し、あるいは親子の邂逅を主題とした映画ではないと思う。そういう場面はもちろんあるのだが、親は比較的簡単に見つかるし、娘は捨てられて恨むより、ただひたすら幼児のように親を慕い、娘に会うのをしぶった実父も出会ったあとでは娘を帰したくないと涙する。その限りでは、特に意外性のある展開もドラマというほどのドラマもない。

これは、五十歳に達したかつての下放青年たちの、文革を決して過去のものとして清算できない生き方を追った映画であろう。主人公として登場する黄玉嶺は、北京に戻らず、延安の街に住み小さな食堂を営む。かつてともに下放された同級生との間にできた子を中絶させられ、労働改造所に送られた彼は、「畜生扱い」された過去の中で人間らしく生きると誓い、そのとおりに生きようとしている。この地で結婚した妻と幼い息子を愛し、下放青年の残した「娘」の実親を探す。怒る養父母を説得して娘の北京行きを実現させ、彼女につきそって上京する。同じ時期、下放青年を強姦し妊娠させたとして罪に問われた、現地の友人の冤罪をはらすべく、当時の党幹部に会いに行く。面子（メンツ）ゆえの生き方だと、温厚で知的な表情で語る彼と、娘の実父はじめ、文革を過去のこととして北京で暮らす元下放青年たちの対比。娘の実母は娘の存在を知らされても、とうとう姿を現さない。

娘と黄は延安に帰り、友人の冤罪は晴れず、北京の人々もまた元のとおり暮らしていくのであろう。北京に帰らない黄の面子だけが、彼の中で生き続ける。その意味をこの映画のみが見つめ、あきらかにしている。

**★緑色包囲／中国〇二年／監督＝張克明（ジャン・クーミン）**

河南省新郷市は中国有数の乾電池の生産地だそうだ。そこで夫と乾電池問屋を営む田桂栄（「タケイエイ」と吹き替えのナレーションは言っているが、これはやはり「デンケイエイ」ではないだろうか？）は、五年前のある日の新聞記事から乾電池の環境への有害性を知り、使用済み乾電池の回収を始める。新郷にはまだ再処理施設はない。そこで彼女は家や実家に古電池を積み上げ……今では集中汚染だと批判され、近所の人々に不安がられ、夫や息子にも文句を言われ、本人も溜まり行く電池をどうしたらよいか見当もつかず、ときには一人近くの山に行って自分の気持ちを誰もわかってくれないと号泣しながら、それでも回収を続ける——というドキュメント。ちょっと度肝を抜かれた。

日本人なら、私ならどうするか。例えば再処理工場設置運動ならできるかもしれない（彼女もそういう行動をまったくしていないというわけではない）。しかし新郷のようすを見ると多分これは困難をきわめる。オリコウな人々なら、私は結局ダメだわ、とあきらめ電池はそのままということになってしまうのかもしれない。彼女のやり方は「愚公移山」というか、向こう見ずな、というか、こう言ってはなんだが、中国人らしい頑固さなのだと思う。でもこれが世の中を変えても行くのだろう。

面白いのは、文句たらたらで時には離婚に繋がりそうな言い合いもしながら、夫が彼女を手伝って電池運びをし、また使用済み電池に埋もれた居間で仲睦まじく餃子など作ったりしていること。どっちかが突っ走ったときの夫婦のありようの一つのモデルかもしれない。幸せな「田さん」を感じる。

デジタルムービーカメラで撮った新人監督の長編第一作だそうだが、面白く見た。第十一回地球環境映像祭 EARTH VISION 大賞受賞作。

乾電池回収のご夫婦も中国の夫婦の一つの典型か、とも思いつつ、最後に二〇〇三年秋の映画祭で紹介された「夫婦」を描く映画二本について。『北京ヴァイオリン』（〇二年／陣凱歌＝チェン・カイコー）『再見・また逢う日まで』（〇一年／兪鐘＝ユー・ジョン）のようにこてこての「伝統的?家族愛」を描いて観客を泣かせようという意図が見え見えな映画も多い中で、現代の夫婦のいわば現実的なありようをそれぞれ真摯な視点でとらえて印象に残った映画である。

**★上海家族／中国〇二年／監督＝彭小蓮（ポン・シャオレン）**

高校生阿霞（アシア・徐敏霞＝シュー・ミンシア）の父には愛人がいる。二年間耐えた母（呂麗萍＝リュイ・リーピン）は家を出る決意をし、父は「娘も連れて、何でも持って出て行け、但し家はやらない」と言う。母娘は実家に帰るが、まもなく結婚を控えた叔父もおり、狭い家に母娘を迎えることに祖母も難色を示す。

　母はやがて、阿霞と同年代の強強という息子がいる老李と再婚する。やっと落ち着いたかと思えたが、老李はきわめて吝嗇な男で、家族が増えて増加した水道代にけちを付け、娘の入浴にも不機嫌だ。母娘はまたまた飛び出し実家に逆戻り。今回は祖母も同情を示し迎えてくれた。しかし今度は弟嫁が飛び出してしまう。やがて、父から復縁の話があり、娘のために自分を押さえてもとに戻ろうと考える母に娘が怒る。母は元夫と話し合って家を売り、その半分で小さく粗末だが母娘で暮らせる家を買う。

　東京国際女性映画祭で、当時岩波ホール支配人だった故高野悦子さんが「日本でも中国でも人々の心は同じ」と挨拶した。夫の浮気を知りながら、生活のため娘のために耐える母、母娘が婚家から戻ることに世間体が悪いと嘆く祖母、娘との生活のために再婚し、義理の息子にも心を砕く母、そんな母を心配しつつ反発する娘、確かにそのあたりの心情は日本人と変わらないと思うが……すかさず会場から「自分はずいぶん違うと見た」という声も出た。確かにそう、日本人ならこんなふうに自転車に家財道具を積んでさっさと出ていったり、さっさと再婚・離婚したりしそうもない。そのあたりの思い切りのよさはやはり中国人らしいのかも……あとで見た『冬至』のほうがその意味では「普遍的（ユニバーサル）」か。母は小学校の教師で、一生懸命働いているのだが、生活の厳しさ、住宅事情の厳しさ、これは何処も同じだ。

**★冬至／中国〇三年／監督＝謝東（シェ・トン）**

　身につまされた……心の離れかけた夫婦。妻（胡靖釩＝フー・ジンファン）は職場である京劇劇団の若い武生（ウーシェン＝立役のこと）とつきあい、弁護士の夫（許亞軍＝シュー・アジュン）は依頼人の妻（秦海璐＝チン・ハイルー）に心惹かれる。大きな事件が起こるわけではなく、それぞれが不倫相手に惹かれる背景としての夫婦の心の離反と、不倫相手と別れ、心が戻ったわけではないものの「契約」として幼い娘が成人するまで共に生きていこうとする決意、その中でおずおずと互いを許しつつ、しかし決して許さない部分も持ちつつ生きて行くだろう姿が、寒い寒い雪の街に描かれる。

それぞれの不倫の相手がとても物わかりがよくて泥沼にならないのは、不倫を描くのではなく夫婦を描こうとした監督の意図だろう。映画だから不倫が起こるが、不倫なしでも同じような心情に陥る夫婦はどこにでもいそう。だから身につまされるのだ。六九年生まれ、三十代前半の監督の成熟した眼に驚かされる。張芸謀の助監督をつとめていた人だとか。

凍り付いた河、雪に埋もれた街、室内で凍る金魚鉢と黒い金魚、夫婦の寝室の黒の（おしゃれな）寝具――デジタル処理で色彩を落とし、いかにも寒々とした景色で、きれいだが淋しい。『春の惑い』（〇二年／田壮壮＝ティエン・チュアンチュアン）でもの静かな人妻を演じていた胡靖釩の酔っぱらっているようなそぶりに見える心の揺らぎ。秦海璐は非現実的な雰囲気で、淋しい普通の人なのに夫（弁護士）にとっての妖精？にいつのまにかなってしまう感じがいい。寂しさの中に妙な明るさもあって、人はこうやって生きていくのだなと思わされる。クレジット・タイトルは北京だが、あの寒い雪の街はホントはどこなんだろう。現実の北京らしくなく、一種の幻想世界のように感じられる。

（二〇〇四・三　No.20）

# 30年の時を超える中国モラリズム

## 『君よ憤怒の河を渉れ』『天狗』

二〇〇七年夏、東京では二つの中国映画特集上映が行われた。

一つは前年までの三百人劇場から、新宿に場所を移した「中国映画の全貌2007」。この特集では、開催記念として日本での劇場未公開作『クレージー・ストーン』(〇六年／寧浩＝ニン・ハオ)『鄧小平』(〇三年／丁蔭楠＝ディン・インナン)が上映されたほかは、新旧の大陸・香港映画に、『蟻の兵隊』(〇六年／池谷薫)などの日本作品も取り混ぜ、七十四本が連続された。すべて、すでに日本で一般公開された作品であり、八〇年代から〇三年ぐらいまでに作られた映画が多いということもあり、オーソドックスな中国映画入門特集という感じで目新しさはなかったが、もっとも古い作品として七六年の日本映画『君よ憤怒の河を渉れ』が上映されたのが目を引いた。折しもこの夏、原作者西村寿行が亡くなっている。

一方、八月三十一日から九月三日、これも新宿で「日中国交正常化三十五周年」と銘打ち「2007年中国映画祭」が行われた。こちらはたった四日間の小規模映画祭で、上映作品も八本だけだったが、いずれも二〇〇五～七年に作られたもので、日中合作あり、少数民族を描いた作品ありと内容的にも多彩で、新しい中国映画から現代の中国を見とおすという意味では興味深い作品群であり、映画祭だった。

**★君よ憤怒の河を渉れ／日本七六年／監督＝佐藤純彌**

映画研究者・劉文兵によれば、高倉健主演のこの映画を中国では八〇％の人が見たという。主演の高倉もヒロインの中野良子も三十年後の現在まで根強い人気を持ち続けているとか。

劉はこの映画が中国でもてはやされた理由について次の三点から分析している。第一に、描き出される資本主義社会の物質的な豊かさが中国人の想像力を遙かに上回る新鮮な光景として映ったこと。第二に、文革直後で、その暗い記憶が残る人々にとって、この映画は現実において解消されない鬱憤のはけ口ともなり、主人公が政府高官の悪を懲らしめる痛快さと名誉回復のカタルシスへの共感を呼んだこと。さらに、中国版ではラブ・シーン、ヒロインの全裸シーン、倍賞美津子扮する街娼の登場するすべてのシーン、そして、逃げ延びるために主人公が犯す小さな盗みなどの場面がカットされ、高倉の側の登場人物の禁欲的なモラリストとしての側面がより強調されたことである。(＊)

七六年といえば、日本でもロッキード事件の嵐吹き荒れ、田中角栄がまさに犯罪者として問われている最中だったはずだが、日本でこの映画がそのような意味で話題にはならなかったのはなぜか。前年東映を退社するまではやくざ映画のスターだった高倉と、これもやくざ映画の作り手として知られていた佐藤純彌監督とが撮った映画というイメージで若い私などは見ていた気がする。実際、当時四十六歳の高倉はこの映画でそれまでのイメージからの転換をはかり、翌年出演した『幸せの黄色いハンカチ』（七七年／山田洋次）で、その後に続くような新境地を開くことになるのである。

で、今三十年ぶりの、この『君よ…』を見てみると……なんともハハハである。いかにも佐藤純彌らしいスペクタクル映画、かつご当地映画でもある。警官たちは新宿の人ごみでパンパン銃をぶっ放すし、中野良子は熊に襲われ木によじ登ったり、新宿副都心を馬で疾走したり。高倉は生まれてはじめて操縦するという設定のセスナで津軽海峡を越え海上に不時着。彼は東京から能登、北海道、セスナによる津軽海峡越えの後は南下して山梨・東京西部の山中を経て立川・国立へ……と、このあたり、小さな駅の一場面でもロケをしているらしいのにも感心する。その意味ではとても丁寧に作られた映画である。

中国人が憧れたという当時の日本の資本主義的生活、これがまたハハハである。都心のホテル、北海道の有力者の豪邸、そこにいる人々のファッション・モード……シルクのガウンを着た有力者とかロングのフレヤー・スカートで山野を逍遥し、馬を駆るお嬢様とか、現代の目で見ると、そのいかにもというありようが一昔前の図式そのままという感じで、その限りではきわめてわかりやすい。そのわかりやすさが中国人の憧れを喚起したとさえ言えるのかもしれない。

この「わかりやすさ」は刑事・原田芳雄の長いもみ上げとか、暗い警察・検察庁、あるいは精神病院のありようなどにもしっかり浸透しているが、ほぼ言葉でしか語られない新薬開発をめぐる汚職というテーマは逆に迫力を失い、冤罪を晴らし復讐を企てる高倉のアクション映画ということになるのである。その主人公高倉は検事には見えないし、他の「わかりやすさ」にそぐわず、なんだかアップアップしているようにも思われる。

ところで、二〇一四年時点での情報によれば、『君よ憤怒の河を渉れ』(中国題『追捕』)のアンディ・ラウ(劉徳華)、舒淇(スー・チー)、金城武によるリメイクが企画されているとか。日中関係が冷え込んでいる今、四〇年近く前のこの作品が中国でどのように甦るのか、興味深いところだ。

なお、高倉健は一四年一一月に八三歳で亡くなった。この映画で、中国で絶大な人気を得、後に張芸謀に請われて『単騎千里を走る』(〇五年、第Ⅵ章で紹介)にも出演した彼の死は、中国でも大いに惜しまれたと聞く。

**★天狗／中国〇六年／監督＝戚建（チー・ジェン）**

汚職は許さぬ、賄賂は受け取らぬということで壮絶な戦いを展開する森林警備員（富大龍）を描く、「2007年中国映画祭」上映作品。中国ではこの夏、国家食品薬品監督管理局の前局長が収賄などの罪で死刑になった。九年間の在任中に製薬会社から多額の賄賂を受け取り偽薬を承認し、その結果多くの犠牲者を生んだのだそうだ。残念ながら中国産品への不安が常に私たちのなかから拭い去られないのもこのような状況に裏付けられている。

さて、『天狗』の主人公・李天狗（天の犬という意味の人名。中国の農村では子どもが健康に育つよう、しばしばこのように動物の名をつけたりするらしい）は森林警備員として赴任した村で大歓迎を受け、たくさんの金品を贈られる。しかし実はこれには裏があり……。

映画は最初に天狗が村を牛耳る孔三兄弟を殺傷し、自分も重傷を負う場面からはじまり、その過程がバックラッシュで語られるので、少々わかりにくいようにも思った。が、これはなかなか効果的な描き方で、最初の方で彼の家に沢山転がっているコーラの缶を見に来た警察官が「ぜいたくだ」と批判するが、実は賄賂を断り、贈り物を返して森林の乱伐を阻止しようとした天狗一家が村の共同井戸から締め出され、コーラで水分をとり、麺粉を練るしかなかったのだというつらさが、あとからわかってくる仕掛けである。

この李天狗、迫害に負けず、陰謀をはねのけ、とにかくひたすら森林保全を行おうとする。その迫力は息苦しいほど。画面全体から血生臭さが漂うような場面もある。コーラ饅頭の味を想像するとくらくらしそう。

今回の「２００７年中国映画祭」の上映作品は大きく分けると、きわめて都会的な暮らしを描いたものと、少数民族の草原の暮らしといった、中国の都市市民から見てもエキゾシズムを感じさせるような世界の物語を情感的に描いたものとが多かった。その中でこういう映画が存在し評価されるのは、もちろん汚職天国中国という側面があってのことではあるが、中国の健全さではないかと思う。同じ汚職に対する告発をテーマにしても、すでに七〇年代に、あの複雑な構成の中での復讐劇にエンターテイメント化してしまった日本では、こんなタイプの映画はとても生まれそうもない。

（二〇〇七・一一　No.32）

（＊）劉文兵（〇六年）「中国10億人の日本映画熱愛史――高倉健、山口百恵からキムタク、アニメまで」（集英社新書、22―23頁）

# ドラマ的ドキュメンタリーか、ドキュメンタリー的ドラマか

## 『鳳鳴――中国の記憶』『姉貴』『無用』『東』『1978年、冬』

秋は映画祭の季節。二〇〇七年は、まず二泊三日という短い旅ながら十月の山形国際ドキュメンタリー映画祭に出かけた。昼は会場を駆けめぐり、夜は友と映画について語りながら山形の酒を酌み交わすという、まさに至福の時。十月末には東京国際映画祭、そして十一月は東京フィルメックス。どちらもアジア映画の上映には力を入れている映画祭なので、時間のやりくりに苦労しながらもたくさんの中国語圏映画が見られるのがうれしい。

今回、特に印象に残ったのは、一昔前とは違った表現形態になりつつあることを色濃く感じさせるドキュメンタリー映画や、その手法を取り入れた劇映画だった。これらの映画の多くで、撮影者は普及したデジタルムービーカメラを四六時中構えて、被写体をどこまでも追っていく。そんなことが手軽にできるようになった。たとえば老いた養母の入浴を延々と撮り、家族内記録としてではなく自らの出産を撮影して、「生と死」を描いたとして高い評価を得た『垂乳女』（〇七年／河瀬直美）もそんな手法を駆使した映画だ。ここに描かれるのは養母と監督自身そして生まれてきた息子の当たり前の日常生活であるが、その日常がドラマとして提示されるのである。

私的な生活とは限らなくても、特異な事件ではなく、淡々とした日常を淡々と、ナレーションなども一切なしで追う映画は最近の中国ドキュメンタリーにもたくさん見られる。

**★鳳鳴―中国の記憶／中国〇七年／監督＝王兵（ワン・ビン）**

王兵はこの映画で、前々回の『鉄西区』（〇三年）に引き続き山形映画祭の大賞を受賞した。この映画では和鳳鳴という七十四歳の女性が三時間にわたって固定カメラに向かい、五〇年代右派闘争から文革で迫害された過酷な半生を語る。話の内容はもちろんドラマチックな事件なのだが、そのドラマ的要素を画面からは排して、作家＝カメラはあたかも孫か年若の友人であるかのような位置にいて、淡々と行われる彼女の語りに耳を傾けるのである。彼女自身の部屋、薄暗い電球、話を中断してトイレに立つ映像なども、作者がこの女性の世界を当たり前の日常にとどめておこうとする意志を感じさせる。特異な人間の特異な事件体験ではないということの表明であろう。そこに引きずり込まれるが、と同時にこのような一人語りの設定そのものが実はかなりフィクション的なのではないかとも感じる。そして、作者の着想や、単調な映像をものともしない強引な作為に圧倒というより圧迫される。

**★姉貴／中国〇七年／監督＝胡新宇（フー・シンウ）**

これも山形の上映作品。夫のもとに娘を残して離婚し渡米した中国女性が、職を得て再婚し、やがて高校生になった娘を呼び寄せるが、母娘の間がうまくいかない。その家庭状況と問題の修復を一家に同居する弟（監督自身）の視点で撮っている、まさに監督自身の家族映画。娘はカメラの前で拗ね、母はカメラの前で娘に苛立ち、母の再婚相手のアメリカ人はカメラの前で娘を諭す。

そこには感動もあり、またある種ののぞき趣味を満喫させるようなおもしろさもあるが、そこでふと考えてしまう。これらの家族の振る舞いは嘘ではないだろうが、少なくともカメラの前で行われることによって、そうではないときとは明らかに行為の意味が変質しているはずだ。観客の見ているこの家族の姿はカメラの目によって作られたもので、これは役者ではなく家族やその設定、そこに起こる事件をそのまま利用したフィクションなのではないか、と。

**★無用／中国〇七年／監督＝賈樟柯（ジャ・ジャンクー）**
**★東／中国〇六年／監督＝賈樟柯（ジャ・ジャンクー）**

賈樟柯の二本はいずれも東京フィルメックスの特別招待作品。前者は広州や山西を舞台にファッションをテーマとして中国社会を描き、後者は三峡とタイで創作する画家とそのモデルを描く。『無用』ではファッションデザイナー馬可、『東』では画家劉小東というアーティストがそれぞれ中心人物として登場するが、彼らの影は意外に薄く、むしろ彼らを取り巻き、あるいは無関係に現れる広州の縫製工場の従業員や山西の洋服修理業の人々、また三峡やタイで画家のモデルになる人々など、いわば一般庶民の姿がロングショットで、つまりそれぞれの個性を際立たせないカメラアングルで撮られており、彼が撮りたかったのが人々ではなく、むしろ街や社会だったのだと思わせられる。人々はそのために消費される資源としてのみ現れ、シーンごとの緊迫感も薄い。

この思いは『東』で、この作品と同時に彼が撮り、日本でも公開され評価を得た『長江哀歌』（〇六年、

第Ⅵ章で紹介）とまったく同じ人物による同じ場面が画面に現れるにいたって、さらに強くなる。作者にとって映画の登場人物は役者であれ一般人であれ、彼のテーマとする世界を描くために有効な一種の資源として存在するのであり、なにかの事件とそれにかかわる人間として、かけがえのないない個性として撮られているのではないように感じる。

このように登場人物をマス的に支配し、自分の世界をより効果的に演出する道具として消費しようとする作者の姿勢は今まであげてきたいずれの作品にも多かれ少なかれ共通する。もちろんドキュメンタリー映画といえども作者の演出意図が存在するのは当然だが、こんなふうに登場人物が消費されるのならば、役者が監督の意図によって創造されることによって成り立つ劇映画のほうが、同じことを描いてもよほど感動が強く潔いのではないか。現に『長江哀歌』の感動が『東』のはるかに上を行くように。

## ★1978年、冬／中国〇七年／監督＝李継賢（リー・チーシアン）

東京国際映画祭審査員特別賞を得たこの作品こそ、現代のドキュメンタリー手法を生かした劇映画である。文革直後の中国北部の田舎町で暮らす両親と二人の息子。兄は文革の影響で教育を受ける機会を失い、仕事にも未来にも希望が持てない。そこに北京から一人の少女がやってくる……全編登場人物の表情も定かではないほどのロングショット。スターというような人はいない。役者たちも淡々と、どちらかと言えば無表情に演じているのに、きっちりと計算された画面は緊迫感を持ち、彼らの抱えるささやかな、しかし本人にとっては大きなドラマ（悲劇）が浮かび上がり、そのドラマが社会の中にあることが感じ取れる。また、画面に現れない彼らの生活までも想像できるような物語性をも示す。ドキュメンタリーとは似て非なる世界である。ドキュメンタリー映画的手法を用いながら、ドキュメンタリーでなく劇映画として撮ったがゆえに得られた世界だと感じられる。原題『西幹道』、映画祭では『思い出の西幹道』の題名で上映された。

『呉清源 極みの棋譜』(〇六年/田壮壮)の、有名な棋士の生涯という記録的要素と、張震(チャン・チェン)というスターを組み合わせ引き締めて単なるスター映画に終わらせず、しかも呉清源と張震双方のスター性も際立たせたノンフィクション映像の妙にも感嘆した。いずれにせよ、新しいデジタル技術の中で志向されるさまざまな映画、不満やその克服を見守ることも含めて楽しみだ。

(二〇〇八・二 No.33)

# プロではない「普通の人」が演じる意味

## 『ラスト、コーション 色・戒』『トゥヤーの結婚』『胡同の理髪師』

**★ラスト、コーション 色・戒／米国・中国・台湾・香港〇七年／監督＝李安（アン・リー）**

月並みな言い方ではあるが、映画の登場人物は演ずる役者によって息を吹き込まれ、その人生を歩み出す。いっぽう『ラスト、コーション』の主人公易（イー）を演じたトニー・レオン（梁朝偉）は、昔風の背広を着て髪をオールバックにすると、彼が『花様年華』（〇〇年）など王家衛映画で長年演じてきた主人公になってしまい、そこから抜け出す工夫が必要だったとも言う。登場人物が役者に乗り移る、そんなことも演技の世界にはあるらしい。

ともあれ、日本の傀儡政府の高官という、いわば中国にとっての裏切り者でありながら、若い女スパイを激しく愛し、愛しながらも苦渋に満ちた表情で冷酷に切り捨てる易という人物の複雑さ、さまざまな場面での翳りを帯びた心理を演じるに、多分トニー以上の役者は考えられない。彼の精緻な演技の醸し出す緊張感や中年の体臭さえ感じさせるようなエロティシズムは若いヒロイン湯唯（タン・ウェイ）をも巻き込んで画面の隅々にまで行き渡る。また、ジョアン・チェン（陳冲）演じる易夫人と仲間の夫人たちの麻雀シーン、見守る易、そこで交わされる、場面としても演技としても計算され尽くした台詞、目配せ、体の動き。プロ中のプロたちの演技を得て私たちは一九三〇年代の上海で息詰まるような至福のときを過ごすことになる。

### ★トゥヤーの結婚／中国〇六年／監督＝王全安（ワン・チュエンアン）

プロの役者が演じないということによって効果をあげる映画もあるようだ。ベルリン映画祭金熊賞を受賞し、高く評価されたこの作品、映像も音楽もすばらしいし、魅力的な主人公にも思わず引き込まれるが、テーマとしては、ちょっと待ってという疑問も実は感じる。

砂漠化しつつある内モンゴルの過酷な自然の中で、二人の子どもと障がいを負って働けない夫を抱えたトゥヤーは離婚し、元の夫をもともに受け入れてくれる再婚相手を探そうとする。トゥヤーを演じる余男（ユー・ナン）は、一途に夫を愛し、常識的にはとんでもない選択をするこの女性の意志的な生き方、面持ち、ノー・メイクながら日替わりの色とりどりのスカーフに頭を包んで、かわいらしさを漂わせたり、結婚式の席、騒ぐ人々から離れ一人涙を流す幕切れまで、やはりプロの女優ならではの説得力ある演技を見せる。

しかし、「結婚」とはいうが、これは「身売り」ではないか。女は生活の方便のために結婚を求め、男は経済力で女を娶る。過酷な自然は女や身障者にとっては自立を阻む世界で、それゆえに働ける男のみが力を持つ。彼女のまっすぐな意志はそれを乗り越えるのではなく、そんな世界を受け入れる方向にしか開かれない。そんな中で障がいを負い妻の足手まといになることを避けて自ら離婚を選んだ男が、自分を連れて再婚すると言う妻に黙って従い、妻の再婚相手が自分を高級施設に入れたとき自殺をはかってまで妻の再婚を阻止するというのは、理性的に言えばなんともキモチが悪い。本人だって居心地が悪くてしかたないだろうと思う。

ところが、この映画の夫はただ黙ってこの状況を見つめ、たとえば幼い娘に一匙ずつ食事を食べさせるというような、できることを淡々とやりながら妻の決定を受け入れていく。自殺をはかるとき、妻の結婚式で新しい夫を受け入れようとするとき、激情を見せないではないが、それとてもきわめて穏やかに表現され、むしろ鈍いといってもよいくらいだ。そして観客はいつのまにかこの夫に共感を寄せるようになり、彼が受け入れるトゥヤーの選択をも受け入れてしまうのである。これは新しい夫となる男についても同様で、気弱なだらしない生活ぶりの男がトゥヤーを愛し、役に立とうと、その夫までもを受け入れる姿がきわめて自然で気負いも無理もなく描かれるのに驚き、引き込まれる。

彼らトゥヤーを取り巻く男たちを演じているのはプロの俳優ではなく、内モンゴルに住む遊牧民たちだという。彼は多分役者が役作りをするというような意味では、ほとんど演技らしい演技はしていないのだろう。ただ彼ら生来の優しさとか生活感によって、この異常な状況を生きる男たちを生きたのだと思う。そんな男たちがトゥヤーの選択を受け入れるなら、私たち観客もそれを受け入れざるを得ないではないか。もし、彼らの役を達者な役者が演じたとしたら？　達者であればあるほど男たちのあさましさがあぶり出されて、この物語の思想的な弱さが見えてきてしまうのではないかという気がする。その意味でこの映画は役者が演じない方がよかった映画、観客はまんまと監督の罠にはまったのである。

## ★胡同の理髪師／中国〇六年／監督＝拾斯朝魯（ハスチョロー）

最後にあげるこの映画も非役者が演じて役者が演じる以上の存在感を体現した映画である。現存する北京の胡同を舞台に実在する一人の老理髪師の日常を淡々とドキュメンタリータッチで描いたなどと言いながら、どうしてどうして、きわめて細かく計算されたドラマが展開する。ドキュメンタリータッチに仕上げたというか仕掛けたことも含め、言ってみれば一種の実験映画なのだ。驚いた！

この映画の主人公は九十三歳の理髪師敬さん。演じるのは同じく九十三歳の理髪師、敬（ジン）と同音の名を持つ靖奎（ジン・クイ）さん。彼を取り巻く胡同の人々も多くは地元の普通の人だとか。出張理髪師の敬さんが日を決めて訪ねる古いお得意さんたちが一人また一人と亡くなったり、高級マンションに住む息子に引き取られていく姿、老人たちが麻雀をしながら老いと死について語るようす、そして誰よりも自立し、ひょうひょうとしたユーモアで他の老人を励まし、胡同の取り壊し予定にも動じない敬さんの死に支度。

靖奎さんを知った監督は、靖さんが言いそうな言葉、しそうな行動を念頭に置き、また彼と関わる老人たちについてもイメージ通りの人を探して、この映画の世界を構築したという。彼らの住む胡同の住居なども演ずる彼ら自身のものではなく、その役柄に合わせて選んだらしい。そして彼らが「彼ら自身」に扮するための演技指導も綿密に行ったとか。とはいえ、彼らは役者としては素人だから、彼らが演じるのはまさに彼ら自身でしかない。そして、それは物語の中の彼ら自身のような人であって、実は彼ら自身ではない。

この映画の監督のねらいはまさにそのような虚実皮膜の狭間で彼らが「自然」な顔を見せることだったのだろうが、高齢の彼らがそのような状況を受け入れて、いわば自然体の演技をみせているのは驚きである。メディア社会の浸透は、人々が自分の人生のみを生きるだけでなく、想像力によって自分を何者かに擬し、それを他者に発信するという営みを当たり前としてきたのか。そのように想像された「自分」を自分として受け入れるというのは本来の自分の希薄化ではないかという気もするのだが。

映画出演を果たした靖さんは来日して「私が生きた証を子孫に残すことができた」と挨拶する。彼はスクリーンの敬さんの姿を、現実の自分をより純化して生まれた「自分の生きた証」として見ているのだろうが、それはあくまで他人が見た自分ではないのだろうか。

そして美しい白髪にそこはかとなく品位を漂わせスクリーン映えする彼を見る私たちも、彼は敬さんなのか靖さんなのか、虚実の間に漂い不思議な気分にさせられるのである。


（二〇〇八・五　No.34）

# 地震の記憶を乗り越える共感の意外な秘密

## 『唐山大地震』

二〇一一年三月の東日本大震災後、しばらくは地震、津波、そして原発事故と、TV画面には連日あたかも映画のような大惨事の光景が流れ続けた。その中で、自らを捨て他を助けた人々、苦しみながら立ち上がろうとする人々、そして寄り添うように援助の手を差し延べる人々の存在に励まされたが、さて、自分には何ができるのか、若干の募金をし、せいぜい節電に励みながら自問したのだった。

あたかも映画のような光景、と書いたが実際の映画もこの地震の影響を受けた。公開中だった『ヒアアフター』（米国一〇年／クリント・イーストウッド）は大津波のシーンがあることにより打ち切りとなり、地震で崩落し二人が亡くなった九段会館で当夜試写会が行われるはずだった『唐山大地震』の、三月末に予定されていた劇場公開も延期となり、結局日本では公開されず、今日に至っている。災害の中で辛くも助かった人々が心や身体に受けた傷を乗り越えて生きていく姿を描いて、人を励ます、このような映画について書くのも、ささやかながら自分にできることの一つかと思う。

**★唐山大地震／中国一〇年／監督＝馮小剛（フォン・シャオガン）**

パニック映画というのがある。大災害などの光景を作り上げ、その中で災厄を逃れ生きながらえようとする人の闘い、というか冒険を描く。CGや特撮の技術の進歩もあって、迫真的な災害映像が作られるようになっている。

この『唐山大地震』は、一九七六年七月に唐山を襲い、二十四万人の犠牲者を出したその実在の大パニックを、厖大な手間ひまと人海戦術で実写してしまったという恐るべき「娯楽映画」だ。軽い素材を使って作った煉瓦造りの建物を実際に崩して撮影し、そこから飛び降り落下する人々や落下物になぎ倒される人々はスタント。おおぜいの人民解放軍や、現代の唐山の市民たちもエキストラとして協力したとのだとか。泥にまみれ傷だらけでおびえ打ちひしがれる彼らの姿。小物にも気を配り、七〇年代のシーンでは当時の器物や道具を集めて時代の雰囲気を再現し、人民解放軍は唐山地震のときのグリーンから、後の四川大地震では迷彩色の現代的な軍服に変わり、空を飛ぶ多数のヘリコプターまで、映画の中に震災を細部まで再現しようとするエネルギーと、それをバックアップする多くの力を感じさせられる。さすが、現代劇、史劇、戦争映画から北海道ロケまであらゆるアイテムを駆使して吸引力のある映画を作り続けてきた監督馮小剛ならではだ。

もちろん、これは単なるパニック映画ではない。唐山地震で夫を奪われ、瓦礫に埋まった双子姉弟のどちらか一人しか助けられないという選択を迫られた母(徐帆=シュー・ファン)と、選ばれなかった娘(張静初=チャン・ジンチュウ)のその後の三十二年間、四川大地震後の再会まで、震災ならではの悲劇と心の傷を負った人生を描く人間ドラマなのだ。

母に選ばれなかった少女は遺体置き場で目を覚まし、さまよううちに助けられて孤児施設に引き取られ、やがてある人民解放軍兵士夫妻の養女となる。養父母の愛を受け、彼女は唐山の記憶を封印して成長し杭州の医科大に進学、そこで知り合った男子学生との子を宿す。九〇年ごろの中国の大学では学内恋愛は禁止だったから、妊娠を相手にも告げず彼女が姿を消し、一人出産しようとするのは理解できなくはない。捨てられた娘として、胎児を葬るという選択はできなかったのであろう。

その後、場面は数年後に飛び、彼女が英語の家庭教師として子連れで生計を立てる様子が描かれる。彼女はそれまで音信不通だった養父のもとに帰り、養父に、震災の日の実母の選択とそれに縛られてきた半生を初めて語り、カナダ人の弁護士と結婚して出国することを告げる。すでに養母は亡く、養父は一人中国に残る。そしてさらに十年ほど後、カナダで暮らす彼女は四川大地震のニュースを聞き再び故国に帰ることを決意する。

弟は地震前は気弱で姉の後を追ってばかりの少年だった。地震で片腕を失うが、母子二人の生活の中でたくましく成長し（というようすは描かれないのだけれど）学校よりも実業を選び、宿の客引き、杭州での出稼ぎ輪タク業から始めて、会社を興し、母を立派なマンションに住まわせようという財力も持つようになる。

ともに傷を負って生きる姉弟の、特に姉の多分傷の深さゆえの強さ、ドライさが印象的。描かれていない部分、シングルマザーの出産・子育て・仕事とか、障がいがあり学歴もない青年の起業とかが何事もなく進むはずはないと想像はできるのだが、映画はそのような場面をまったく描かない。それはリアリティの欠如という気もするが、いかに傷を負っても自らの幸せ追求の手は休めないとでもいわんばかりのたくましさの強調とも見えるし、母にさえ捨てられた娘があらゆる他人や、また中国そのものとさえ距離を取って生きていくしかないことを観客にも感じさせる仕組みのようにも思われる。また、そのような生き方を受けいれる中国社会が存在するという楽天的な見方の発露ともいえるかもしれない。人民解放軍はあくまでもさわやかで頼りがいのある存在であり、その兵士の一人である養父は無私の愛を娘に注ぐ。娘は父を顧みることもなく姿をくらましたり、外国に行ってしまったり、父の愛に応えるということもほとんどないのだが、父はそれも静かに受けいれ、感情を表に出さない。とはいえ、そこに愛情をこめた養父役陳道明（チェン・タオミン）の演技は秀逸である。

子を選んだ母のほうはといえば、唐山を離れず夫と娘を悼み贖罪することを第一として、息子や、彼女に好意を寄せる隣人の幸福への誘いも受けいれない。淡々と感情を表さない暮らしぶりは娘との再会の場面にまで続く。この映画のクライマックスの描き方は意外に淡白でメロドラマ風の湿り気がほとんどない。それゆえか、人間が描けていない、人民解放軍や中国社会のプロパガンダ映画だとの批判もあったという。一方で、この登場人物と作者の距離感こそが、馮小剛作品の持ち味であり案外人気の秘密なのではないかとも思われる。

二〇〇八年の四川大地震でのボランティア活動の最中に、唐山地震以後心に傷を負ったまま離れ離れに生きた姉弟は再会する。が、実は再会も暗示されるのみで実際の場面としては現れない。現れないことにより、さまざまな苦しみを経た人々が自分をそこに投影し想像することを可能にしていると思われる。例えば唐山や四川の観客は記憶のままに描かれる地震の光景に戦慄するだろうが、大胆にカットして描き過ぎないその後の苦しみの細部にそれぞれの経験を投影しリアリティを感じ、癒される。そんな共感の秘密がこの映画には隠されているようだ。さすがヒットメーカーという、目配りが行き届いた映画なのである。

（二〇一一・八　No.47）

# 老後を誰とともに生きるのか――ワールドシネマに見る高齢者の時代

## 『桃さんのしあわせ』『グォさんの仮装大賞』『マリー・ゴールドホテルで会いましょう』『みんなで一緒に暮したら』

二〇一二年秋の映画祭やその頃の劇場上映で目立ったのが高齢者の生き方をテーマとした映画。中国・欧米、日本と珍しく出そろった。高齢者が「葉っぱビジネス」で村おこしをする日本映画『人生、いろどり』（一二年／御法川修）とかクリント・イーストウッド主演の『人生の特等席』（一二年／ロバート・ロレンツ）などは高齢者といっても、まだまだ現役（でありたい）人々が主人公だが、完全にリタイアしてからの生き方を描いた映画をピックアップしてみると、「老後」の生き方には国柄？や文化が大いに反映するもののようだ。

**★桃さんのしあわせ／中国・香港一一年／監督＝許鞍華（アン・ホイ）**

一家に六十年仕えたメイドの桃（タオ）さん（ディニー・イップ＝葉徳嫻）が倒れる。面倒を見るのは雇い主の四代目、映画プロデューサーとして香港・大陸を駆け回る五十代の独身男ロジャー（アンディ・ラウ＝劉徳華）。彼の家族はすでに一家をあげてアメリカに移住しており、ただ一人香港に残った彼が、老人ホームに入ることになった桃さんを頻繁に見舞う。そのロジャーとの心のつながりが晩年の桃さんのしあわせとして描かれる。

アン・ホイといえば九五年の名作『女人四十』が思い出されるが、あの映画で一家の「嫁」の眼から家族の出来事として描かれた高齢者問題は、今や家族を持たない単身者の老後の生き方として高齢者自身の立場で描かれる。一家に献身してほとんど私生活を持たなかった桃さんにはロジャー以外に訪れる友だちもいないが、その単身を律して求めず、与えられるものを喜び、周りと一線を画しながら決して無関心ではない姿が潔い。

ここでは介護される桃さんのみならず、介護するロジャーも立派な単身高齢者の域にさしかかっている。香港四大天王のアンディ・ラウが心臓に持病を抱え、老眼鏡越しに書類を読む姿を演じるのを見るのは少々ショッキングだが、こういう役を演じ切った彼も恰好よい。そして、映画の中で気になるのはむしろ、これから一人老いてゆくロジャーの将来でもある。単身の老後、誰とつながり絆を作っていくのか、それを高齢者自身への課題とする時代の姿をこの映画は提示しているように思える。

## ★グォさんの仮装大賞／中国二〇一二年／監督＝張楊（チャン・ヤン）

老人ホームにいるのはもちろん子どもがない人ばかりではない。この映画の主人公葛（グォ）さん（許還山＝シュイ・ホアンシャン）は再婚した妻を亡くしたとたん、妻の息子夫婦から、妻の持家だった自宅を明け渡せと迫られる。実子とも不仲で、孫の結婚式にも呼んでもらえないありさまだ。住む所を失った彼は旧友・張さんが住む老人ホームを訪ね、定員オーバーと言われながらもなんとか転がり込む。

快活で芸達者な張さんの音頭取りで老人ホームの面々はテレビの仮装大賞に出場するべく練習に励む。張さんを演じるのは呉天明（ウー・ティエンミン）。映画監督・西安撮影所長として中国映画界を牽引し、張芸謀や陳凱歌ら第五世代の監督を見出し育てた、その姿を彷彿とさせるような愉快なリーダーとして、手品をしたり、マージャン牌に扮したり、かわいらしい寸劇を演出したり、仲間たちを盛り立てている。この張さんを夫と間違える認知症気味のおばあさんは『初恋の来た道』（〇〇年／張芸謀）の母親役李濱（リー・ビン）。中国映画の「老名優」たちが出演しているが、なぜか仮装チームは紅一点。圧倒的な男性社会？ではある。

仮装チームはホーム内での発表にこぎつけるが、怪我人を出してしまい、ホームからテレビ出演を禁止される。そこで老人たちはこっそりホームを抜け出し、手に入れたポンコツバスで天津の大会会場へ。明るい草原地帯を走るロードムービーとなるが、ホーム所長や葛さんの孫が追いかけてきたり、肝心の張さんが体調を崩したり、となかなか大変な旅だ。しかし老人たちは旅の途上思いがけない能力を発揮し、外の世界の人々の人情に触れながら天津に向う。葛さんが孫と和解し、張さんが命がけで仮装大賞出演を望む熱意の秘密——はるか海を越えた日本に暮し音信不通の娘に呼びかけたい——もあきらかになる。

単身老人の姿を描くという点は『桃さんのしあわせ』や、次に紹介する『マリーゴールドホテル』とも共通するが、この映画の中国の老人たちはまだまだ子供や孫とつながることに慰めや夢を求めている。また、管理される老人たちが、そこから抜け出そうとする姿を描いていて、その意味では中国社会の窮屈さも感じさせられる。家族の存在＝家族主義がまだ強く意味を持っているのがアジアの高齢者のあり方だと思われる。実の子はいなくてもロジャーから「干妈（ガンマ）＝義母」と呼ばれ、雇い主一家の家族の祝い事にも招かれる桃さんも、それゆえにしあわせだったのかもしれない。

この映画は二〇一二年の映画祭では、原題『飛越老人院』から『老人ホームを飛び出して』の邦題で上映された。日本での劇場公開は一四年正月。そして、名監督・名優呉天明はその直後、三月にこの世を去った。

## ★マリーゴールドホテルで会いましょう／英・米・アラブ首長国連邦一一年／監督＝ジョン・マッデン

『グォさんの仮装大賞』と同じく二〇一二年東京国際映画祭出品作品。こちらはそれぞれに違った人生を歩んできた七人のイギリスの老人たちが、すばらしいリゾート地、インドの豪華ホテルで優雅な老後を暮らそうとうたうツアーに参加するところから話がはじまる。着いてみると、オーナーは元気な青年でやる気十分ではあるが、ホテルはおんぼろ、街は喧騒の中にあって汚い。それでも彼らの多くはめげず、自分なりの楽しみを見つけ、異文化体験に乗り出し、オーナーを助けてつぶれかけたホテルの立て直しにまで動き出す。七人は成り行きで一緒に旅をし、ともに暮すが、決して仲良しグループにはならない。それぞれが勝手に自分の趣味を求め、勝手に動くのがいかにも個性を重んじるイギリス人だ。

この映画には頼りとする子どもや孫は現れないし、ただひと組夫婦で参加した二人も、この土地での生活への意見が合わず、結局妻だけが帰国してしまう、というわけで家族よりも個人として自分の生を貫こうとする意識にあふれた映画と見た。

## ★みんなで一緒に暮したら／仏・独一一年／監督＝ステファン・ロブラン

こちらはいかにもフランス映画。老いた五人の男女がともに住むが、彼らは二組の夫婦と、どちらの妻ともかつて情事の体験があったというモテ系の友人。もちろん今や五人五様に病を抱えたり、頑固になったり、認知症の気味があったりで、共同生活は混乱もするが、若いドイツ人留学生の助けを得て暮していく。事件よりは人間の感情に重きがおかれていて、物語の展開は案外地味だが、老いても彼らの暮しの根底を貫くのが男女の性愛であり、対の意識であるのが興味深い。二組の夫婦には子どもがいるのかいないのか、少なくとも映画には現れないし、独身の父を老人ホームに入れようとする息子は困った存在としてのみ描かれ、親子が和解することはない。

こうしてみると、老いて単身もしくは夫婦だけになり、看取るのも家族でなく他人というのは少なくともこれらの映画が作られた国に（日本にも）共通した状況だと思えるが、その暮し方、意識のあり方にはそれぞれ特徴があるのが興味深い。映画は社会を映し出すという所以であろう。さて、我が老後は潔く香港的・ロジャー的単身を貫くか、あるいはフランス的に恋多く行くか。難しいところだ。

（二〇一三・二　No.53）

# 時空を超えて日本と中国をつなぐ、映画たち

## 『黒四角』『東京に来たばかり』

二本の映画について書こうと思う。

一本目は二〇一二年東京国際映画祭で上映されたが、折からの日中問題の険悪化で、中国側関係者の来日がかなわなかった。そして、ようやく一年半後の一四年五月に日本での劇場公開が実現した『黒四角』。日中合作だが、中国ではいまだ公開できないでいるらしい。

もう一本は、一二年の中国公開後に尖閣諸島問題が紛糾、一三年秋になって日本での劇場公開が果たされた『東京に来たばかり』。こちらは一四年六月にDVDが発売された。奇しくも前者は北京に留学中の日本人監督が中国を舞台に、後者は日本に長期留学し映画を学んだ中国人監督が日本を舞台に撮った映画である。内容的にはもちろんまったく違ったタイプの映画だが、どちらも政治的には相変わらず不穏な日中関係を乗り越えて、人々の中に共有できる思いのあることを確信させられる佳作と言えるだろう。また、中国でも活躍する日本人俳優中泉英雄が主要な人物を演じているという共通点もある。

**★黒四角／日本・中国一二年／監督＝奥原浩志**

北京郊外の芸術村に住む画家チャオピン（陳璽旭＝チェン・シーシュウ）は、恋人に誘われた展覧会で、真っ黒に塗りつぶされた絵が展示されているのに強い印象を受ける。その後、その絵のような空飛ぶ黒い

四角い物体を見た彼は追いかけて荒地にゆき、着地してそそり立つその物体から裸の男（中泉）が現れるのに驚く。

チャオピンは記憶を失ったその男に自分の服を与え、「黒四角」と名付ける。チャオピンはこの男にどこかであった気がするが思い出せない。妹のリーホア（丹紅＝ダン・ホン）も同じような感じを持つ。チャオピンの日本人の恋人ハナ（鈴木美妃）との話で、男が日本人らしいとわかり、四人は一緒に行動するようになる。黒四角の目の前には時には謎の男の幻影＝亡霊？が現れ、また日本兵らしき兵隊が現れたりして、彼は現実と幻想の狭間を彷徨う……というのが前段。後半は一転、第二次大戦中の日本軍兵士と、抗日ゲリラと疑われる山中の一軒家に住む兄妹との物語になる。兄妹を演じるのは現代の兄妹を演じているのと同じ役者たちである。

ある日街に現れた幻の日本兵士の一群を追って、時を超え、黒四角は彼らが集結する山中に衛生兵として加わる。ゲリラを探す中で、一軒家に潜む女性を見逃してやり、チフスで伏せる彼女を治療し、淡い恋心が生まれ、その兄とも交友を結ぶ。しかし軍のゲリラ掃討を予告し、逃げろと警告したあとで、兵士黒四角はどこからか飛んできた銃弾に倒れる。そして再び現代、黒四角は戻っては来るのだが……。

今まで見たことのあまりないような展開で、奇妙にスリリングな前半とラブロマンスみたいな中盤〜後半、さらにまた話が現代にもどるという複雑な構成が端正にまとまっている。前半、小説家志望のリーホアが語る〝異民族間での恋が、恋するものを透明にする〟という自作の物語がこの話の前後をつなぎ、現代の芸術村での世慣れぬ黒四角とチャオピンの交友にはリアリティとユーモアが漂う。中国人と日本人のアーティストがともに暮らすチャオピンとハナの暮らしぶりも、多分作者自身の見聞・体験をもとにしているのだろうし、芸術村という特異な環境ゆえかもしれないが、このような暮らしぶりが自然に行われているならば、それこそが日中関係がよく保たれるための希望だと感じさせられる。

この映画に描かれる日中戦争は、作者にとっては日本と中国、過去と現代をつなぐものとして想定されているようだ。それゆえにか、現代で兄妹に助けられる黒四角は、兵士としては兄妹を助け命を失う。軍隊の規律の中で、なぜ彼が単身貴重な医薬品を持ち出し、敵方の娘を助けることができるのか、唐突な彼の死はゲリラによるのか、あるいは裏切り行為を罰した日本軍によるものなのか。リアリティの面でも物語の展開としても、このあたりはスッキリ、はっきりとはいかないが、それはそれで意図されたものなのだろう。

特に現代編で、いかにも現代的な芸術村の佇まいやそこに棲息する男女が描かれるので、戦争部分のリアリティのなさが際立つのだが、考えてみれば戦争という非リアルな異界（過去）の日本の亡霊の輪廻転生という幻想そのものが、この映画の主題とも言えるのだろう。

**★東京に来たばかり／中国・日本一二年／監督＝蔣欽民（ジャン・チンミン）**

こちらで日中をつなぐのは囲碁。中国で囲碁の天才と言われた青年・吉流（秦昊＝チン・ハオ）が日本にやって来るが、職もなく碁を打つ機会もない二ヶ月目、千葉からの行商の老婆、君江（倍賞千恵子）と知り合う。農家とは言っても立派な門構えのお屋敷のような家に住む君江、実は、かつての日本囲碁界の重鎮の妻で、本人も日本棋院で「先生」と呼ばれるほどの打ち手だったという嘘のような設定。さらに彼女には幼時、天才的な囲碁デビューをしたが、今は囲碁から遠ざかっている孫息子、翔一（中泉英雄）がいて吉流と親しくなる。あるとき、翔一は台湾人の恋人をめぐってヤクザとケンカ、刺されながらも相手を殴り返し殺してしまった、と吉流に助けを求める。二人は追っ手を避けて千葉の君江のもとに身を寄せる。

いっぽう、吉流はアマチュア囲碁戦に出場、準決勝に勝ち進むが、中国でプロ資格があったのではないかと疑われ、失格しそうになる。翔一や祖母のバックアップでなんとか失格を免れ決勝戦に進出した吉流だが、一手の読み誤りで負け、それをTVで観戦していた翔一も刺された傷が悪化してその場で倒れ死ぬ。ヤクザの仕返しを恐れて恋人を遠ざける一方、頑固な翔一は、警察の追求を避けるため病院にも行かなかったのだ。

君江が千葉から長野の実家に戻ることになる。彼女はそれまでの野良着からきりりと優雅な和服に姿を改め、吉流と、負けた決勝戦を再現しながらさらにその先を打つ。また翔一の分骨を恋人に与える。君江は吉流には翔一の死を言わないのだが、彼女の去った屋敷で吉流はひとり翔一の亡霊?と碁を打つ……と、こう書いてくるとなんともご都合主義的な設定で、しかも死にいたるまで病院に行かぬほど恐れていても、警察も、あるいはヤクザも翔一や恋人を追って姿を現すわけでもなく、瀕死の重傷のはずの翔一は祭りには吉流と繰り出して神輿を担ぐというのどかさ。吉流は囲碁に関して悩むこともなく、負けたことをさほど悔しがるのでもない。つまり囲碁を描いてはいるが囲碁映画というわけでもない。

では、この映画で作者は何を言いたかったのか。ともかく溢れているのは日本への思いだろう。蒋欽民自身は九二年から八年間日本で学んだのだそうだが、ちょうど彼が来日した頃の日本の情景や、彼自身が働いたカプセルホテルの様子などが映画に織り込まれリアリティがある。また緑が目にしみるような千葉の農村風景、その中で行商に出かける農婦たちの姿も愛情を込めて描かれている。吉流は作者のいわば分身であり、君江や翔一、また有名なミュージシャン・小説家・女優の田原（ティエン・ユエン）が演じるカプセルホテルの中国人の同僚などは、実際に作者を取り囲んでいた人々なのかもしれない。いかにも素朴な農婦姿から高価な和服をきちんと着こなし、背筋を伸ばして囲碁の名手に変身する君江（倍賞）の美しさは、その思いの象徴なのだろう。

日本人としてはありがたいことだが、いささか重荷でもあり、ついついたくさんある「ツッコミどころ」に目がいってしまうという逆効果もありそう。作者が日本を愛するように、私たちは中国を愛せるか、と問われているような映画でもある。

（二〇一四・八　No.59）

# Ⅱ

# 歴史の記憶

# 子供のころに文革があった――若い監督が描いた文革と親と映画

## 『玲玲の電影日記』『胡同のひまわり』

中国映画にとって文化大革命はいつまでたっても忘れることのできない大きなテーマなのだろう。かつて自らの世代体験として文革を描いた作品群の後に、『太陽の少年』（九四年／姜文＝チァン・ウェン）が出てきたとき、少年期の自由体験として文革を描いたその新鮮さが印象に残ったが、今や当時幼児だったさらに若い世代の文革映画が現れている。

**★玲玲の電影日記／中国〇四年／監督＝小江（シャオ・チァン）**

一九七二年生まれの小江監督が自分と同年の少女を主人公とし、文革後の中国西北部の田舎町寧夏を舞台に描いた、ある母娘の物語である。題名の「電影」が示すとおり、この映画の一方の主人公は〝映画〟である。もともと女優志望だった母は出産によって進路を阻まれながらも、映画を生きる拠り所とし、また母と同じく女優にあこがれ、やはり挫折するその娘も数々の映画を愛する。

文革中、映画女優を目指す娘が恋をし妊娠する。恋人は逃げ、ひとり、子を産んだ彼女は街の人々に迫害されるが、当時上映可能だったアルバニア映画『寧死不屈（Victory over death）』（六九年／G・エレバラ、P・ミルカニ）に励まされ洗濯婦となって娘玲玲（リンリン）を育てる。

母に好意を寄せる映写技師潘小父さんに可愛がられ、落第坊主の転校生毛小兵（マオ・シャオピン）と仲良くなり、野外映画会を楽しみに玲玲は幸福な少女時代を送る。文革が終わり、その間上映禁止だった『街角の天使』（原題『馬路天使』／袁牧之＝ユエン・ムージー）が上映される日、母娘と小兵は街の映画館に繰り出すが満員で入ることができない。一九三七年に作られた上海映画の名作はこんなふうによみがえったのだ。厳しい思想統制の中でも人々の中に生き続けていたロマンへの渇望が解放される、歓びに満ちた場面である。

やがて家族に虐待された小兵が安徽省の祖母のもとに去り、母が潘と結婚し、弟が生まれると彼女の幼い日は終わる。貧しい生活のなかでの弟への愛や嫉妬が描かれる。TVにおされて野外映画会も最後という日、女優への道よりは上級学校への進学を強いる両親との確執が彼女の過失とも言える弟の死を招き、彼女と両親の早い決別を招く。そして物語は大人になり大兵（ダーピン）と名乗る小兵の、北京での玲玲との不思議な再会へと展開する。

母娘の、洗濯婦の貧しい暮らしには不似合いなおしゃれな服装、未婚で出産し、つるし上げられた彼女が数年後には街の人気者になるその過程、義父に殴られ聴力を失い、中学にも行かず家出した玲玲の一人住まいの部屋いっぱいに映画機材などをそろえる暮らし振り、彼女が、北京に出てきて胡同に暮らす老いた両親をどのようにして見つけ出し、どのようにしてその両親の住居を見下ろす部屋を手に入れることができたのか、またあまりにも偶然性の高い毛大兵との再会など、細かく見ていけば不自然さが目につく映画である。

テーマそのものも、前半は母の人生を描いているのだが、中盤に至って児童映画化して感動を強要する強引な転換で、率直なところ人生とか人間とかが本当に描けているのかという疑問も残る。だが、この映画の語り手となる毛大兵を演ずる夏雨（シア・ユィ）はとても生き生き映画を愛し、好奇心と同情をもって幼馴染の人生を辿ろうとする青年を演じていて、求心力がある。おもな登場人物は全員映画大好き人間で、なにより野外映画会で次から次へと上映される六〇年代の中国映画が興味深い。中国映画好きにはやはり必見の一本であろう。

中国の人々は概して日本人よりは映画好きだと思われるが、それを示しているのは中国映画によく登場する野外映画である。やはり文革を描いた『中国の小さなお針子』（〇二年／戴思傑＝ダイ・スージエ）にも下放された学生が任務として朝鮮映画『花を売る乙女』（七二年／パク・ハク、チュ・イッキ）を見に行き、村人たちに語るという場面があった。字も読めず、バイオリンも見たことがない山村の人々にとって映画は外の世界への唯一の扉であったのだろう。

### ★胡同のひまわり／中国〇五年／監督＝張楊（チャン・ヤン）

張楊監督は小江監督より五歳年長の一九六七年生まれ。幼年期の文革の物語はいきおい親の物語ということになり、また文革〝後〟の物語ということにもなる。この映画も『玲玲』と同じく、まさにそういう映画である。

下放先での手の怪我がもとで画家への夢を断たれた父が息子に猛特訓をほどこし、画家になることを強いる。息子は反抗し、逃げ出そうとさえするが断固として許さない父。見ているほうが息詰まるような苦しささえ覚えたのは、戦後、やはり自分の道を捻じ曲げられたと感じ、娘や息子の人生を強いた私自身の父と重ね合わせたからだろうか。しかし、子供には、あるときから、そのような父を理解せざるを得ないという感情も生まれる。それが成長ということなのだろう。凍った池の上を逃げようとした息子を追いかける父が水に落ち、それを救うために息子が手を延べるシーンがこの映画の息子の転換点であった。

一つ一つのシーンが説得力をもって丁寧に描かれているし、その舞台となる胡同はセットなのだそうだが、とてもよくできている。文革、唐山地震、毛沢東の死や四人組裁判、そしてだんだんと改革開放に向かい経済も自由化され若い人の意識も変わっていく社会の姿が、少年の成長にかかわりながら、さりげなく描かれて〝見た〟という充実感あふれる作品である。

この作品の中でも野外で映画会が行われるが、父は息子が出かけるのを許さない。『玲玲』でも似たような場面があり、母は娘が映画を見るのを許さないが、自分は見に行ってしまう。同情した弟が姉をこっそり連れ出し、その結果が彼の事故死につながる。一方『ひまわり』の父は自分も映画には出かけず、息子を監視する。このあたりの親の行動の差が、子供の人生を決めているような描き方だ。自らの喜びも求めた母は子供たちを失うが、頑固で禁欲的な父は結局息子を画家に育て上げてしまうのである。

息子が画家として成功した後の父の身の処し方はいかにも映画的で、現実にはちょっと考えられないようなものだが、それがこの父子関係の一つの救いになっている。老いてボケた父が死ぬまで妻や息子にさんざん苦労をかける、というのがあり得る現実だろうが、それではこの父、単に頑迷・マッチョな父権主義者ということになってしまうのだから。晩年、「あなたといるとくつろげない」と偽装離婚した母は胡同を出て近代的なアパートに住む。父の最後の決断はその母の行為への批判ともとれるのだが、非現実から現実を批判されてもなあと、少しひっかかったところでもある。

二本の映画、親の営為も、その親に育てられる子の反応も必ずしも共感を呼ぶ描き方はされていない。

だが、そこにこそ、文革が新しい世代にも大きくのしかかっていることを描き出そうとする若い視点を見いだすことができよう。

（二〇〇六・一〇　No.28）

# 天安門へ疾走した若者たちの物語

## 『天安門、恋人たち』

一九八九年六月四日、天安門。中国共産党は市民・学生の虐殺という強硬な手段で独裁体制を守った。このことは民主化に立ち上がった学生・市民に大きな傷を残したが、いっぽう国家の側も改革・解放と名付けられた資本主義のシステム化・格差社会への路を歩むことになる。そして、ほぼ二十年、ようやく当事者の物語が立ち上がってきたようだ。

二〇〇八年、日本に住む中国人作家楊逸が天安門事件に遭遇した学生たちとその後を日本語で描いた『時が滲む朝』に芥川賞が与えられ、そして、この小説以上に強いインパクトを私たちにもたらす一本の映画が公開された。

**★天安門、恋人たち／中国・仏〇六年／監督＝婁燁（ロウ・イエ）**

この映画の主人公余虹（郝蕾＝ハオ・レイ）にとって「学生たちが天安門に行った」ことは「友人に自慰を教えた」とか「急に体調を崩し苦しむ」とかよりも後、「今日の五番目の出来事」として日記に書かれる。寮の暗い窓の内から親しい友人たちがトラックの荷台によじ登り出発しようとするのを見ていた彼女が、突如身を翻し、自分も乗り込むために駆け出して来る場面が印象的だ。彼女の恋人周偉（郭暁冬＝グォ・シャオドン）も、「学内一ハンサム」で余虹がいながら他の女友達との関係も絶えないという青年で、意識の高い民主活動家というわけでもない。そういう普通の学生があたかも祝祭に参加するごとく、流れに身をまかせ、集団（マス）として生きた後の顛末がこの映画には描かれる。

余虹は一九八七年、朝鮮国境の田舎町から北京に上り「北清大学（北京大学・清華大学を合わせてモデルとして命名されたらしい、名門大学ということだろう）」に入学する。辺境の街から首都の大学生となった彼女の前には故郷にはない前途が開けたように感じられただろう。それはルームメイトたちにとっても同じで、学寮内は上気した彼らが行き交う喧噪の場所である。その中で余虹は芸術家肌の友人、李緹を介して知り合った周偉との恋に落ちる。とはいえ、周偉だけでなく、余虹も彼の気を引くかのように他の男友達と親しげに振る舞ったり、教授と寝たといってみたり、愛していても素直には相手に従えないし、それでいて失うことを恐れてもいるという若い不安定な恋である。

私自身九〇年代の半ばに教えていた中国東北部の大学では、学生たちはベッドのみの九人部屋(二段ベッド四つと、窓との間に無理矢理押し込まれたもう一つのベッド）に住み、早朝から夜まで教室や校庭で本を読み、声を上げて暗唱し、勉強に余念がなかった。恋人どうしもいたけれど、公的には学内での恋愛はようやく解禁の兆しをみせたというところ。体制批判をする大学院生もいたし、まあ、皆よく飲むには飲んだが、そのころの学生たちの姿と思い比べても、この映画の大学生はずいぶん享楽的で、勉強する姿もあまり出てこない。都会と地方の違い、天安門事件前と後の学生気質の違いかもしれないと思いつつ、映画を見ていて、最初は少々違和感を禁じ得なかったのも事実だ。

しかし、マスとしてのうねるような生の中で大学生活は祝祭的に盛り上がり、天安門へと彼らを運ぶ。一般学生が一刻として静止することなく息せき切って走る姿こそが婁燁監督が描こうとした自由や民主化への希求の姿だったのだと思えてくる。それはベルリンの壁崩壊の日にブランデンブルグ門に集まり壁を打ち壊した人々の姿でもあるし、今や遠い日になってしまった学生運動に参加した自分自身の姿でもある。あるいはさらに遠い日、ロマノフ一家を射殺して革命を成就させた人々の姿、そして近年名誉回復され「聖人」となったそのニコライ二世に参拝する、二十年前までは「ソ連人」だったロシアの「善男善女」の姿でもある。

まじめに自由を願い、周囲にいる人々も同じように考えていると確信し、対してあちら側には自分たちの自由を阻むものがそびえている、ならば自分は一つのコマとなり意志をともにする者とともにうねりに身をまかせよう……そのような意志の集積があってこそ、革命は成就もするのだろうが、成就したとしても、または天安門のごとく成就しなければなおのこと、この生の流れに身を投じてしまったものは傷つき、回復の困難さは、個人が後々払わなくてはならないツケとしてついて回るのだと思われる。

天安門への疾走の中で恋人と親友李緹の裏切りに会い、動乱を心配して突然故郷から駆けつけた男友達とともに帰郷した余虹は、大学もやめ、あたかも激しい恋のツケを払うがごとくに、かなわぬ周偉への愛と、代償のような日常的な男との性愛を繰り返しながら深圳、武漢、重慶と流れて行く。いっぽうの周偉も李緹をその恋人のいるベルリンに送り、そのまま住み着く。ちょうど壁の壊れた頃のベルリンである。映画は中国の余虹パートとベルリンの周偉パートの間に、ベルリンの壁崩壊、ソビエト連邦の終結宣言、香港返還などの実写フィルムを挟みこむ。これらの世界的な動きが二人の間をさらに遠く隔てていくのだ。

ベルリンで結婚した李との関係を持ち続けて十数年、帰国を決意した周偉は衝撃的な李緹の死に遭遇する。中国から遠く離れて、二人の男の間を漂った李緹もまた、もう一人の余虹だったのだろう。それに比べると周偉のほうは、傷ついてはいてもなんだかドライで、要領がいい感じだなあと思えてしまう。彼が帰国後重慶で仕事仲間や女友達を得て活躍する姿からは、彼が過去は過去として、着地点を得たことが感じられる。やがて彼は余虹を探し当てるが、彼の着地点はもはや天安門のツケをいわば生活全体で払い続けている余虹ではない。余虹にとっても周偉に着地できないのは同じで、彼女自身それがよくわかっているのだが、それにしても別れの場面の周偉は身勝手だし、余虹は強く、切ない。

楊逸の小説『時が滲む朝』(*)も天安門がらみで傷害事件を起こし退学処分になった若者たちの二十年を描くという意味で、『天安門、恋人たち』と同じようなテーマを扱っている。彼らも最初のうちこそ大学をやめ農民工として働くという過酷な生活だが、やがて一人は日本帰国した残留孤児の娘と結婚して日本に移り住み、子を得て、職業的にも地歩を固める。中国に残ったもう一人もデザイナーとして成功し、日本企業と提携することになり招待されて東京にやって来る。

この小説の主人公は日本生まれの息子に「ふるさととは自分の生まれ、死ぬところ」と説明し「それなら自分のふるさとは日本だ」と言われ絶句する。国を離れた後も自分の挫折を心に留め、中国の民主化を常に気にかけながら、彼らは結局日本での生活とか、デザイナーの仕事とか、学生時代には思いもかけなかったところに着地してしまう。それがより現実的な姿であり、また純粋に内へ向かって呻吟するよりも、外の世界へ向かう生気が描かれたと評価することもできようが、十章の小説の後半三章で二十年近くを描いてしまうという分量や速度からも、やはりどうしても甘さが漂うのは否めない。拝金主義的な世界で彼らは再びマスとして生き始めてしまうのだ。

この点では周偉にかすかなその気配を漂わせながらも、きっちりとツケを払い続ける余虹を描ききったことで、婁燁はこの映画を甘い恋物語ではなくロマンティクな社会派作品として成功させた。彼の支払うツケはこの映画の中国国内上映禁止および五年間の活動禁止だそうだ。くさらず、蓄積を重ねて五年後の不死身の復活を切に願っている。

――と書いたが、その後の婁燁、五年と待たずに『スプリング・フィーバー』（〇九年、第Ⅴ章で紹介）、『パリ、ただよう花』（一一年、第Ⅵ章で紹介）、『二重生活』（一二年）と力作を発表している。うれしいことだ。

（二〇〇八・一一　No.36）

（＊）楊逸（〇八年）『時が滲む朝』（文藝春秋社）

# 60年前・植民地の「恋」の意味

## 『海角七号　君想う、国境の南』

二〇〇八年夏、台湾で公開された『海角七号』は大変な人気を呼んだ。インターネットのサイトによれば収益は五億台湾ドル（約十三億円）以上で、『タイタニック』（米九七年／ジェームズ・キャメロン）に次いで台湾公開映画歴代二位だそうだ。日本でも九月に幕張で行われた第四回アジア海洋映画祭でグランプリを獲得した。

「皇民化の影がある」などの批判的反応が現れ、一時は当局が上映中止を指示したとの情報も流れた中国大陸でも、翌年二月、バレンタイン上映として約百三十分の映画の、おもに日本語部分などを三十分ほどをカットしたものが公開され（北京三里屯では六分カット版が上映されたとも聞く）、こちらも台湾ほどではもちろんないものの、意外にヒットしたとか。日本公開は二〇〇九年末となったが、種々のブログを見ても概ね大好評というところで、公開を待ちきれず、ＤＶＤ鑑賞をした。

**★海角七号　君想う、国境の南／台湾〇八年／監督＝魏徳聖（ウェイ・ダーション）**

さて、その、大陸ではカットされたらしい「日本語部分」。映画は港から去っていく船とそこにかぶる日本語のナレーションから始まる。「一九四五年十二月二十五日／友子、太陽がすっかり海に沈んだ。これで、本当に台湾島が見えなくなってしまった／君はまだあそこに立っているのかい？／友子、許しておくれ、この臆病な僕を／二人のことを決して認めなかった僕を」。沈んだ声音で切々と語られることばは六十年前の日本語とは思えない現代語・美文調でなんともセンチメンタル。去っていく中学教師が、愛した教え子に書いたこの手紙は「僕は敗戦国の国民だ／貴族のように傲慢だった僕たちは、一瞬にして、罪人の首枷を科せられた／貧しい一教師の僕が、どうして民族の罪を背負えよう？／時代の宿命は時代の罪／そして、僕は貧しい教師に過ぎない／君を愛していても、諦めなければならなかった」と続く。何やかやと情緒的に言い回したところで、植民地支配者として台湾人を「小島友子」と日本名で呼び「貴族のように傲慢」に「愛し」、あげくに戦争に巻き込んで、敗戦後は、自分も時代の被害者と言い訳しながら捨てていくのではないか……台湾の観客はそうは感じなかったのだろうか？

六十年前の恋人たちと平行して語られる現代の物語は、台北での音楽活動の夢破れ、郷里の台湾南部恒春に帰る阿嘉（范逸臣＝ファン・イーチェン）という青年の姿で始まる。彼が帰った恒春では、教師の恋人だった女性と同名の日本人女性友子（田中千絵）がモデル撮影の世話役として、わがままな欧米系モデルたちや気のきかないスタッフに苛立ちながら働いている。恒春で日本の歌手中孝介が公演することになり、その前座として結成された地元のバンドに、阿嘉も不承不承参加することになる。友子にはそのバンドのマネージメントが任され、ここで二人は不機嫌な出会いをするのである。

いっぽう、職のない阿嘉は、友子たちの撮影隊のマイクロバスにぶつけられ怪我をした八十歳の郵便配達人茂伯（林宗仁＝リン・ツォンレン）の代りに郵便配達をはじめる。（台湾の郵便配達制度についてはよくわからない……郵政民営化で請負制度にでもなっているのだろうか）。彼が預かった宛先人不明小包が、例の教師が六十年前に書いたまま出さなかった恋人への手紙七通と彼女の写真で、それを教師の死後見つけた彼の娘が、日本からかつての恋人の住所「台湾・恒春郡海角七号」に送ったものであった、というところで二つの話がつながっていく。

この現代編のほうは偶然のエピソードで主要な人物が次々に連鎖的に登場して行くという巧みな作りである。三つ子を持つ人妻に恋するドラマー、別れた妻を愛し続ける先住民族の交通警官、「馬拉桑（マラソン）」と称する酒のセールスに駆け回る仕事熱心な客家人の、自らも馬拉桑と名乗るベース担当、それに月琴の名手である茂伯とキーボードの天才少女、十歳の大大（ダダ）、中国語をしゃべる日本人友子も加えて、バンドは文字通り多民族、異年代の寄せ集め集団である。彼らの生活事情やその中での一途な感情が丁寧に、またユーモアいっぱいに描かれていて引き込まれる。多民族が共生し台湾語、北京語、そして日本語が飛び交う重層的な文化を持ち、異年代の交流もさかんなこの海辺の街は、まさに台湾社会そのものとして描かれているのだろう。郵便配達の歌う「野バラ」、バンドの奏でる「国境之南」、中孝介の弾き語りなど、さまざまな音楽にあふれているのも楽しい。

遠い日本から単身やってきて肩肘張りながら台湾人と対等に渡り合い、というよりむしろ高圧的に仕切りながら、なかなか心を通わせることができず、いっぽうで日本からの上司の電話には従順な友子という女性の描き方も面白い。このような形で日本人批判をしたのだともとれるし、逆の立場から、日本女性はあんなではない、悪意をもって描かれているなどという反発もないではないらしいが、いや、あんなものだろう、気が強いばかりでなく時に気弱になったりヒステリーを起こす揺らぎまで、自然な若い女性である。彼女が現代の台湾の青年と恋におちるのは、むしろ自己主張と衝突のはずみであり、それは六十年前、支配・被支配の関係に生まれた恋の葛藤をもっと激しくなぞっているようでもある。

このように見ていくと、文化の多層性を持ち越境する人々であるからこそ、侵略者をも柔軟に受け入れ、許容しながらも決して呑み込まれないしたたかさも持てるのかもしれないと感じる。六十年前の恋が、その社会的意味を問われるよりは涙あふれる情感とか郷愁として描かれ、観客に受け入れられるのも、そんなしたたかさのゆえかもしれない。それは「皇民化は許さない」「侵略者の罪が描かれていない」というような批判をする立場が持ち得ないしたたかさだが、日本人がそれに甘えてともに郷愁を感じたりしてはいけない寛容なのだとも思う。その意味で『海角七号』はきわめて台湾ローカルな映画なのである。

実際に、物語の最後、六十年前の別れの恋文を受け取る老女・小島友子の表情が画面に映し出されることはない。これは作者の、恋文を書いた日本人への遠回しな批判であるのかもしれない。とすれば、冒頭のあまりにも安っぽい船旅のCG、歯が浮くほどにセンチメンタルな教師の手紙の文面、人々の陰に身を隠し恋人の視線を避ける彼の姿を遠景でしかとらえないカメラといったものも、この恋の背景への作者の批判であるとも見ることができそうだ。ちなみに中孝介が二役で演ずるこの教師、なんと左利き。銃を撃たなくてはならない徴兵もあり、「矯正」があたりまえだったこの時代の学校教師が人前で左手で文字を書くというのは、リアリズム的にはあり得なかったのではないかと思う。若きクリエーターが自然に作り、演じ、期せずしてこうなったのか、あるいはここにも「嘘」だよ、という批判の目があるのかは不明。そしてその批判が台湾人観客に伝わっているのかどうかも不明……しかし単に楽しく面白く見て終わるというには、どうも引っかかる何か小骨のようなもの、それが逆にこの映画の魅力となって、こんなにも多くの台湾人を引きつけたのかもしれないと思う。

さて、この映画、日本人はどう見たのだろうか。

（二〇〇九・五　No.38）

# 『南京！南京！』が私たちに呼びかけるもの

## 『南京！南京！』『ジョン・ラーベ〜南京のシンドラー〜』

**★南京！南京！／中国〇九年／監督＝陸川（ルー・チュアン）**

二〇〇九年四月、中国で一本の映画が評判になるとともに論議を呼んだ。『ミッシング・ガン』（〇一年）『ココシリ』（〇四年）の陸川監督が、四年の歳月をかけて完成した『南京！南京！』である。

この映画の完成試写会では、日本人出演者の中泉英雄らに罵声が浴びせられ、それ対する批判の声も上がって会場は騒然となったとか。陸川監督自身も脅迫を受けたとも聞く。

題名からもわかるように、これは一九三七年暮れに日本軍が当時の中国の首都、南京を占領し、多くの捕虜兵、民間人を虐殺・略奪・強姦したとされる、いわゆる「南京大虐殺」を描いた映画である。この南京事件については犠牲になった人数についても諸説があり、日本ではいまだに南京虐殺はなかった、あれは中国のでっち上げだと主張する人もいるが、その規模や状況はともかく、日本軍が南京城を占拠し非戦闘員も含む人々を殺害したことは否定はできない事実だろう。そして、今までに中国映画に登場してきた日本兵たちは、このような日本の戦略を無批判に信奉する冷酷な「日本鬼子」として描かれてきたし、南京の虐殺も当然そのような人々によって行われたと、中国では考えられてきたのである。

『南京！南京！』の新しさ、そして中国で最大に批判された点は、映画の主人公のいっぽうに、日本軍の若い兵士を置いて、彼の視点からこの南京の数週間を描いたことである。

顔を見せた日本兵士たる青年（中泉）は、ごく普通に塹壕の中で戦い、占領に成功すると万歳を叫び、隊長に続いて廃墟になった南京城内を残留兵の探索に駆け回る。特に積極的でもないが、いやいやでもなく、インテリっぽくもあるが、根は素朴で無邪気な感じ。兵隊どうしの付き合いもそこそこにこなし、慰安所にも足を運ぶ。扉の外から撃った弾が物置に潜む避難民を殺すと「わざとではない」と動転し、慰安所の日本人娼婦に優しい言葉をかけられて、彼女を妻にすると決意し、部下に「頭が性病になったのか」とからかわれる。また、安全区の摘発では安全委員の女性の部屋におかれた動物の剥製に興味を示し、「教会の学校で習った」という片言の英語で、部屋にあった十字架をねだる。渡されると「シェシェ（謝謝）」と実にうれしそうに顔をほころばせる。七十年前の日本の軍隊にこんな青年がいただろうかと思われるような「現代青年」だ。

彼を取り囲む日本軍の兵士たちも、私たちのイメージにある、上官の命令を天皇の命令として絶対の統制をし、従えない者にはリンチまがいの制裁さえ行ったというような日本陸軍ではまったくなく、言ってみればサークル合宿の乗り、とでもいうような現代的な人間関係だ。上官も部下も一緒になって歌ったり、踊ったりというようなシーンもある。

この映画は前半は激しい戦闘シーンと捕虜の虐殺シーン、後半は安全区でのゲリラ兵摘発や女性へのレイプが中心になっているが、繰り返しさまざまに描かれるレイプで、日本兵が無邪気に性欲をひけらかし、衆目の中でも平気で女性に躍りかかる明るさは異様で、これが作者の日本の軍隊に対するイメージなのかと、少々暗然。その中で日本人娼婦を妻と思って土産を運び、慰安所の列に並びながらも彼女に似た中国人女性を抱くことができず、そして彼女たちの死に茫然と立ちすくむ主人公はむしろ特異な存在である。

物語が進むにつれだんだん深刻な表情になっていく彼は、安全区に隠れる兵士の摘発では、女一人につき家族の男一人を助けることを認め、「妻」に化けて何人もの男を引き取ろうとする安全委員を黙認する。が、彼のそのような行為によって彼が贖罪されることはない、というのがこの映画の結論である。正当な結論だが、彼の取る行動や、その設定がいささか非現実的でもあり、情に訴える批判が裸で投げかけられている描き方なので、このあたりをどう受け取るかによって映画への評価も変わってくるだろう。中国では、この部分が日本寄りだとして批判を浴びたとも聞く。

この映画に出てくる中国人たちも、自分と家族だけはなんとか助かりたいという思いで、安全区に潜む兵士たちを密告するインテリ、涙を流し、女たちに犠牲になって安全区に住む人々の生活保障をすることを説きながら、自分自身が先頭で身を犠牲にしたりはしない女性安全委員など、一方的に虐げられつつ、毅然と生き、死ぬというような人ばかりではない。それは人を被害者、加害者としてだけ見ない、また被害者であること加害者であること超えて戦争にかかわり悩みや苦しみを抱え、また弱さも露呈せざるをえない存在として描く姿勢である。とはいえ、これもまた中国人観客の心情を逆なでしたのだと想像される。

日本兵であれ、中国人被害者であれ、このような人物像を南京事件において描くことは私たち日本人にできることではないだろう。日本人がこのような映画を作っても、それは言い訳けか、せいぜい謝罪にすぎなくなってしまうから。いかにも今風な兵隊たちの描き方をはじめ、細かく見ていけば若い製作者たちの限界かと首をかしげる部分がないわけではないが、ともかくこんな映画を作ってくれた中国の成熟ぶりにありがとう、と言いたい。

この映画を見て思い出したのは沖縄の「平和の礎」である。沖縄戦で亡くなった沖縄市民のみならず、日本軍兵士、韓国・朝鮮などから徴用されて亡くなった人、さらには戦死した米兵まで差別なくその名を刻んだこの碑は、そのことによって境界を越え普遍的な平和への希求を世界に訴えるものになったと思う。あるいはヒロシマの碑に主語をはずして彫られた「あやまちはくりかえしません」ということばにしても。あれらはやはり、沖縄なりヒロシマから発信されなくてはならないものだった。そして『南京！南京！』はまさにそのような発信として、とりわけ有効な映画という手段によって中国から日本へ、世界へと投げかけられたのだと思われる。そんなふうに発信されたものにこたえていく、というのはいっぽうの当事者、加害した側の義務であるはずだ。その意味で私たちは『南京！南京！』の呼びかけにこたえていかなくてはならないのだと思う。

九月末、この映画はスペイン・セバスチャン国際映画祭最高賞を受賞し、国際的にも高く評価された。日本では右翼の攻撃を恐れ買い手がなかなかつかないと聞いて心配したが、ようやく配給会社が決まり、来年には公開される見込みらしい。中国では日本に同情的だとして攻撃され、日本では日本人の行った虐殺を描いたゆえに排撃される、この映画の「みなしご」振りを痛ましく思っていたが、ようやく胸をなでおろす。『南京！南京！』の呼びかけにこたえて、まずはなんとしても多くの人々にこの映画を見てほしいと思っている。——とこう書いたのだが、二〇一四年現在、未だ公開されていない。残念なことである。

**★ジョン・ラーベ～南京のシンドラー～／中・独・仏〇九年／監督＝フローリアン・ガレンベルガー**

こちらも同時期中国公開、『南京！南京！』にも登場するジョン・ラーベを主人公とした中国版『シンドラーのリスト』と言われる映画。ラーベ役は『善き人のためのソナタ』（〇六年、フローリアン・ヘンケル・フォン・ドナースマルク）、『白いリボン』（〇九年、ミヒャエル・ハネケ）などに出演しているウルリッヒ・トゥクル。日本人出演者も香川照之、柄本明ら、比較的有名な俳優たちで、ベルリン映画祭でも好評だったが、こちらは未だ日本公開が決まっていないようで残念。……どちらにしてもまず見て、議論はそれからだと思うのだが……。――その後、一四年五月に「南京・史実を守る映画祭」実行委員会によりこの映画の一日だけの上映が行われていたことを知った。そのチラシによれば、五年にわたる交渉の結果、上映にたどり着くことができたとのこと。日本各地でこのような上映会が単発的に行われてはいるらしい。劇場公開を阻んでいるのが誰なのか（まさかドイツや中国側とも思えないが）わからないが、上映の努力をしてくれた実行委員会に頭が下がる、と同時に、事前に情報を得られず、スクリーン上映を見る機会を逃してしまったことが残念に思われる。

（二〇〇九・一一　No.40）

# 受難を包む、闇と、光と、砂漠と、空と。

## 『無言歌』

藤井省三東大文学部教授をはじめとする中国語圏映画愛好グループが毎年選ぶ「金盤賞」二〇一一年度は、おおかたの予想通り？『無言歌』に決まった。

この映画は二〇一〇年東京フィルメックスで『溝』の名で公開され、一年を経て、一一年末にようやく劇場公開となったもの。これまでおもにドキュメンタリー映画を作ってきた王兵監督の始めての長編劇映画、日本での初の劇場公開映画でもある。ちなみにこの映画はフランス・ベルギー・香港の合作。中国政府の許可を取っていないので、中国国内での劇場上映はできない。

私が見たのは一二年に入って正月休み中の水曜日、昼の回だったが、比較的高齢層を中心に劇場は満席に近く、終わって出てくると次の回を待つ人の列もできていて驚いた。山形国際映画祭をはじめ映画祭上映では、今までにないようなドキュメンタリー作品で話題をさらってきた監督だが、どの映画のテーマも硬派・ローカルで、決して派手に一般受けするというような作品とは思えない。さすが、日本の観客の目は高い。もっとも言うまでもなく、単館上映、ではあるのだけれど。

**★無言歌／中国・ベルギー・香港一〇年／監督＝王兵（ワン・ビン）**

この映画の原作は楊顕恵（ヤン・シェンホイ一九四六〜）の『告別來辺溝』という小説で、一九六〇年、

「反右派闘争」時代のゴビ砂漠の強制収容所を描いたもの。「來辺溝」は収容所の地名である。語り手「私」が「右派・李文漢」や來辺溝生き残りの元政治犯を訪ねその回想を記すという形をとっており、別題は『來辺溝記事』。虚構性の高い小説ではなくドキュメンタリーであると、映画パンフレットによせたエッセイで藤井教授が語っている。

一九四六年生まれだという楊顕恵もそうだが、六七年生まれの王兵監督はもちろん反右派闘争や収容所生活の実際を見たことはないはずだから、ここにあるのはおのずと伝聞による小説化、あるいは映像化ということになる。その結果、映画は「劇映画」ということになるわけだが、やはりドキュメンタリー作家王兵らしい素材の選び方だし、一人ひとりの登場人物の性格付けや、背景、遭遇する事件などは十分にドラマティックでありながら、映像そのものはロングショットで貫かれ、派手なパフォーマンスなどもなく、むしろ登場人物の個性を際立たせないような撮り方をしているところなどもドキュメンタリー的だと感じさせられる。

この映画は、実は〇七年の山形国際映画祭で大賞を取った『鳳鳴—中国の記憶』（第I章で紹介した）にいわば呼応する形で作られている。『鳳鳴—中国の記憶』では王兵監督は、ある女性が反右派闘争から文革にいたる半生の経験を語る姿を、固定カメラを据えて三時間にわたって撮影した。生身の七十四歳の女性の、ほとんど語りと表情だけで構成された、記録映画の極致みたいな映画だったが、この中で、彼女は反右派闘争当時、収容所にいた夫を訪ねる許可をようやく得て、行ったときに夫はすでに死んでいたという経験を語る。

『無言歌』でも夫の死から三日後に訪ねてくる妻が大きなパートとして描かれている。彼女はこの映画の唯一の女性登場人物でもあり、まさにヒロインでもあり、たしかな存在感をもって登場するが、かといってアップショットもなく、派手な衣装や表情を見せるわけでもない。しかし、私たちはドラマとしてのこの女性の背後に、多くの「鳳鳴」の存在があることを感じる。そんな描き方をされているゆえの存在感なのだと思われる。

いっぽうで、この映画を見ることにより「鳳鳴」の、語り手がただ正面を向いて語り続けるという、あの特異な設定があらためて、あたかもドラマのように感じられたのも不思議なことだった。ここでは、もはやドラマもドキュメンタリーもその境界を越え、作家王兵が自在に操るメディアになっているようだ。

『無言歌』の舞台は荒涼とした砂漠であり、そこを掘って作られた穴蔵のような収容所であるにもかかわらず、その風景の色彩、光と影の美しさは筆舌につくしがたい。深い深い藍色の空、赤茶けた砂漠、穴蔵の闇に差し込むかすかな光、燃える火の赤、大地での火葬の火の色はまた違う赤で、紫がかった灰色の夕闇に立ち尽くす人々は影のようでもある。

労働改造として荒野の開墾の仕事が与えられるが、飢饉で収穫はなく、食料の配給も減らされ、囚人たちは草の実を集めたり、ねずみなどを捕らえて食べたりという生活を迫られる。零下二十度の冬、飢凍した人々は毎日のように死んでいき、運び出され凍野に浅く掘った穴に並べられる。そんな墓ともいえない墓の遺体から衣類が剥ぎ取られ、遺体は食われさえする。

そういう状況を描きながら、この映画のロマンチックなほどに美しい色と光は何なのだろう。そして状況の過酷さの中ですべてを失い、息も絶え絶えというような人々が、それでも当たり前のように助け合い、他者に思いやりを示す姿も印象的である。

夫を訪ねてきた妻に、荒らされた夫の墓を教えることができず、しかしさりげなく面倒を見、最後には妻とともに夫を火葬して見送る人、ともに脱走し、行き倒れる年長の男に自分のオーバーを着せる人、映画ではこれらを主人公李民漢という一人の人物の行為として描くが、顔もはっきりしない薄闇・遠景の中での映像は、名もなき不特定の人の姿のように見える。実際、原作ではこれらはそれぞれ別人物による別の物語として語られたものだ。病人や死者を看取り、さりげなく仲間に指針を与える班長の姿も心に残る。

ここに政治犯として収容されている人々は、それ以前の「百花斉放百家争鳴」運動で共産党が推奨した党に対する批判や意見発表を行い、党の方針転換によって罪に問われた人々である。いかにも理不尽な、とんでもない受難としか言いようがない。しかし映画では、彼らをそのような目に合わせている元凶としての党や政治の姿はほとんど現れない。収容所の所長が暖かい麺を食べるシーンがあるが、それさえ良い思いをしているというより、辺境で寒さや家族との別離に耐える厳しい勤務を感じさせられる寒々しさである。囚人たちはもちろん、監督官や死者をも含む収容所そのものが大きな受難に耐えているのである。

その姿を闇とコントラストをなす美しい光、赤茶けた荒涼とした砂漠と深い藍色の空の中に描くことで、彼らの受難とその中で失わない尊厳は美で包まれる。王監督はそういうやり方で、彼らに苦しみを与えた政治に対して深く、強い批判をしているだと感じられる。それはこの映画を上映できない中国の現在をも刺し貫く、今日的な批判とも読める。

事実に作者の目を投影させるのがドキュメンタリー映画ならば、『無言歌』は、生まれる以前の「事実」に見事に作者の目を投影させた「ドキュメンタリー」映画と言えるだろう。

（二〇一二・五　No.50）

# 「史実」の「何」を揶うのか

## 『セデック・バレ』『グランド・マスター』

**★セデック・バレ　前・後篇／台湾一一年／監督＝魏徳聖（ウェイ・ダーション）**

二〇一一年台湾金馬奨獲得、空前の大ヒットを記録し、ヴェネチア国際映画祭を沸かせ、日本でも大阪アジアン映画祭で熱狂をもって迎えられた作品である。東京では二館のみの公開だったが、それに先だって早稲田大学アジア研究機構主催・台湾研究所共催で行われた前篇『太陽旗』の試写会＆トークセッションには大隈講堂を満杯にする観客がつめかけ、その後の一日、後編『虹の橋』を見に出かけた映画館もほぼ満員だった。

早稲田の試写会でも映画館でも中高年男性の姿が目立つ。中国語圏映画に限って言えば、『戦場のレクイエム』（〇七年／馮小剛）以来だろうか。「偏見」かも、と反省しながらも日本男性の「戦闘好き」を今更ながら確認し、「戦闘好き」は魏監督にも共通する「男の子の性癖」かもと、またまたの偏見、失礼！

さて、だから、というわけではないのだけれど、どうもこの映画の批評・紹介を書く気にならず今まで来てしまった。

かつて彼ら自身の立場から描かれることのほとんどなかった台湾原住民(*)を主人公に、霧社事件の顛末を描いたこの映画、間違いなく衝撃的な大力作ではある。前作『海角七号 君想う、国境の南』（〇八年）

以前にこの作品を構想していた魏監督は、日本人役には日本人を、原住民役には原住民を起用、原住民はほとんど素人なので、長期のワークショップにより演技指導をした。映画内の言葉も今や失われつつあるセデック語で、その特訓もしたとか。プロダクションデザインは日本の種田陽平、韓国からのスタッフが霧社一村を再現するオープンセットを組み、台湾の森林での大規模な狩りや戦闘シーンのロケーションを決行。プロデューサーはジョン・ウー（呉宇森）で、台湾・日本の役者たちが脇を固めるなど、リアルさを追求しつつエンターテイメントとしても売れる作品を目指し、それを見事に果たしたというわけだ。

霧社事件は一九三〇年日本統治下の台湾で起きた原住民セデック族の抗日武装蜂起である。十月末の霧社公学校での運動会をセデック族が襲撃し一三四人の日本人死者を出したのを皮切りに、日本軍・警察が約一カ月半にわたり、山中に立てこもったセデック族を攻撃、多くの死者・自殺者を出して収束した。この映画が描くのは壮絶なセデック族の戦いと、彼らの知的な戦略によって日本兵たちが翻弄され殺されて行く姿で、原住民が民族的プライドをもって他国の支配・統治に抵抗する姿を描いた骨のある社会派映画とも言える。

が、しかし、ここで主張されるプライドとは何か。第一部『太陽旗』で主人公であるセデック族の頭領モナ・ルダオ（本職は牧師であるという林慶台が魅力的に演じる）は日本の横暴に耐えに耐え、とうとう蜂起を決意する。若い日の彼の狩猟民族としての自由や、日本支配に蹂躙され、本来の闘争性を煽られて、狩り場を争う他の原住民族と分断され敵対させられる苦しみなどが丁寧に描かれる。彼らを包む台湾の瑞々しい自然も美しく、霧で煙る景色は彼らの鬱屈や苦しみを示しているようでもある。

ところで「男は狩り場を守って敵の首を狩り、女は家を守り美しい織物を織る」のが本分とされるセデックバレ(「真の人」の意)は、実は殺すことはもちろん殺されることも厭わぬ人々として描かれている。だから蜂起の決意は死の決意とともに行われ、彼らは単に戦って死ぬばかりでなく、男たちが戦闘に出かけると女たちは早々に森に行き首を吊り、あるいは同じ部族の男たちの手で殺される。先頭に立つモナ・ルダオも決起後は部族を救うことではなく、いつどう死ぬかだけを考えている。

「日本人」として教育を受け日本化した部族の男たちは「どちらからも自由になれる」として、あるものは和服で、あるものは民族服でそれぞれ自死する。もともとセデック族に敵対していたことから日本側に取り込まれ「味方蕃」と呼ばれた部族の首領は、森の中でセデック族女性たちの縊死死体群に遭遇し、殺し合いに疑問を持つものの、「モナ・ルダオとの戦いに決着をつけなくていいのか」と日本人にたきつけられて再び戦い、戦死する。というわけで全編、命よりも暮しよりも面子や敗北の美学に煽られる男たちがひたすら殺し合うという酸鼻をきわめる映画とも言える。

彼らには、勇敢に死んだ戦士は虹の橋を渡って天国へ行くという言い伝えがあり、その名も『虹の橋』と名付けられた後篇、最後には男たちの群れが虹を渡っていく姿が描かれる。そして、戦闘後、日本軍司令官が燃えるように赤い台湾の桜の花を仰いで「百年前の武士道を見たのだろうか」と述懐をする場面までがおまけにつき、何ともキモチが悪い。

早稲田での魏監督のトークによれば、『虹の橋』は(『太陽旗』より)さらに面白く出来上がったとのことで、この自信作で彼は敵方さえも称揚するセデック族のすばらしさを言いたかったのだろう。だが、このような死の受容は女たちを虹の橋から締め出し(そりゃそうだ、セデック族といえども生きて暮しを守るのが女の本分なのだから)、そしてこの後の戦争の中で生き残った台湾原住民族が日本軍に取りこまれて戦場に狩り出され、さらに捨てられた経緯を考えると、犯罪的な民族観・歴史観ではないかとさえ思える。現在台湾社会に生きている原住民族の末裔はこの映画に描かれた祖先をどのように見るのだろうか。

この映画、実はリアルさを追求すると同時に、劇的な効果を考えて民族的な習慣の改変なども行われていると聞くし、誇大な戦闘場面の演出が目立つ。映画にそれが許されないとは思わないが、もしそうだとすれば、魏監督の思いは、なぜ戦うかよりはどう戦うか、いかに派手に戦うかを描く方向に傾いていたのだろう。しかも彼の選択は観客の多くにも歓迎されたのだから、史実に基づく映画で何をどう取捨するかということは実に難しい。

**★グランド・マスター／香港・中国・仏二〇一三年／監督＝王家衛（ウォン・カーウァイ）**

こちらも実在の人物、詠春拳の宗師・葉問（イップ・マン、トニー・レオン）を描き、彼の活躍した一九三〇年代から、解放、国共内戦を経て戦後の香港にいたる歴史の中で物語が展開するのだが、この映画では歴史を生きるのはむしろ葉問のライバルたちだ。彼らは、葉問を宿敵と思いながらも愛してしまう北方の八卦掌の名手、宮若梅（ゴン・ルオメイ、章子怡）に絡みながら登場し、それぞれの闘いを生き、生き残った者は最後に香港に住みつく。とはいっても同じく広東・佛山から香港に移った葉問との間にドラマがあるわけではない。歴史の流れは、切り取られた短いシーンと記念写真とで綴られた彼らの人生を貼る、いわばアルバムにすぎず、日本軍の侵攻に苦しめられ、抗日の意識をもったという葉問の姿もほとんど描かれることはない。

葉問のおだやかな舞のごときカンフーと、全編登場人物の顔が画面からはみ出すほどのアップの連続で、その息詰まるような迫力と、強い明暗のコントラスト、そしてズゴッ、ズゴッと、動きの優雅さに似合わぬ打ち込みの音とで独特な美的な世界が醸し出される。
　主人公の思想にも生き方にもほとんど触れず、うまく逃げたなという気もしないではないが、そのアート系カンフー・メロドラマとしての完成度はさすがに高く、歴史背景を描かぬことも含め、やっぱり一筋縄ではいかないのが王家衛映画、というものかもしれない。

（二〇一三・八　No.55）

（＊）「原住民」は台湾における、先住民族の正式呼称である。

# 張芸謀における歴史の消費とメロドラマ化

## 『帰来』『金陵十三釵』

張芸謀の日本未公開作二本を中国版DVDで鑑賞。かたや文化大革命を背景として認知症と夫婦愛を描いた物語、かたや南京虐殺と、言わばジェンダー問題も絡めた苦い物語というわけで、さすが張芸謀、歴史的事件の中に見事に今日的・世界的、あるいは普遍的問題を絡め「ドラマ」に仕上げてしまうジャーナリスティクなセンスを感じさせられる。そう言えば、文革を背景に若い男女の難病純愛を描いた彼の前作『サンザシの樹の下で』(中国一〇年、第Ⅵ章で紹介)も、そういう作品で、公開時、彼は何を言いたいのかと思ったものだが、二本並べてみると、その目指す方向が見えてくるようにも思われる。

**★帰来/中国一四年/監督=張芸謀(チャン・イーモウ)**

一四年五月中国公開の張芸謀最新作。彼の初代ミューズ、鞏俐(コン・リー)が久しぶりに主演、老いた認知症の女性役を好演して話題になった。相手役は陳道明(チェン・タオミン)。穏やかで地味ながら、自分を忘れた妻を愛し続ける夫を演じてコン・リーを支え、いかにも似合いな老夫婦(というほどの年齢にも見えないが)の雰囲気を醸し出している。

話は単純で、文革中、夫は、すでに右派闘争時代から十数年続いた労改(労働改造所)暮しから脱走し、自宅に戻ろうとする。だが、その父をほとんど知らずに育った娘が、打ち込んでいる革命バレーの主役がほしいばかりに密告し、妻の眼前で夫は再び拘束されてしまう。三年後文革が収束し夫が戻ってくると、密告にもかかわらず主役がもらえなかった娘はすでにバレーをやめて工場の寮に住みこんでおり、密告した娘を許せない母は、許せないままに認知症にかかって夫を忘れてしまっている。というわけで、ここから は若いころの夫のことも他の人のこともそれなりに覚えているのに、現実の夫だけは見分けられず、夫を目の前にして彼が労改から戻るのを待ちわびる妻と、彼女に受け入れられないまま、何とか妻の記憶を取り戻そうとあれこれと苦闘し、やがてそんな妻を受け入れて行く夫の愛が描かれる。

このような認知症の症状の描き方が適切なのかどうかは分からない、というより少々ご都合主義的な感じもするが、それはそれとして、この映画で二人を引き裂き苦しめるのは文革ではなく妻の認知症である。夫の脱走に対する当局の対応とか、娘の密告とその結末とか、もちろん文革ゆえの悲劇も描かれるが、それらはあくまでもあっさりとした背景に過ぎず、文革はいわば高齢化社会の問題を描くための一アイテムとされてしまった感もある。仮に文革でなくても、たとえば現代の出稼ぎで長年別居した夫婦というのでも、この話は成り立つという気がする。

——この映画、『妻への家路』という邦題で、一五年三月、日本での公開が決まったとのことである。

**★金陵十三釵／中国一一年／監督＝張芸謀（チャン・イーモウ）**

『帰来』で感じた思いを、この映画ではさらに強く感じさせられた。

一九三七年一二月一三日からの数日間、日本兵が蹂躙し国民党兵が応戦する混乱の南京城内で、ある教会堂に逃げ込んだ教会学校の女子生徒たち、彼女たちを守ろうとする若い寺僧、神父の葬儀のためにやってきたというアメリカ人の死化粧師（クリスチャン・ベール）、そして後から塀を越えて逃げ込んで地下室に潜む娼婦たちの姿が描かれる。間には少女や娼婦たちの何人かが殺される事件も起き、金目当てだった死化粧師が少女たちを守るために神父のふりをしながら変化して行く、その過程での娼婦の一人との恋愛感情なども描かれるが、簡単に言えば、日本軍から戦勝祝宴に出て歌うように要請された少女たちの身代わりとなって、娼婦たちが身を犠牲にして出かけて行き、その機に乗じて少女たちは城内から脱出するという話で、あらゆる事件はこのことを正当化するために配置されているような感がある。

映画冒頭、教会堂の外では、まずは一部隊の壮絶な戦いが延々と描かれる。種田陽平が美術を担当しているというその戦場光景は、南京事件を描いた諸作品を彷彿とさせるが、さらに迫力があり、爆弾や発砲の火薬の使い方もすさまじい。張芸謀も例外ではなく戦闘を描くのが大好きな男の子だったわけだ。生き延びて恥を負いたくないと、次々に倒れる前の者を盾にし、次は自分が後ろの者の盾になり倒れて行く国民党兵の群舞のような戦闘姿からは、この映画がリアリティよりも作者の中にある一種の美意識によって戦闘を描いているようにも見える。

ここでは中国の兵士は死を恐れず次々と倒れる。最後に一人残った狙撃兵（佟大為＝トン・ダーウェイ）は瀕死の若い部下を教会堂の娼婦たちに預け、自らは物陰に潜んで教会堂の人々を見守り、日本兵を撃退しつつも、途中で一身に銃撃を受け蜂の巣となって死ぬ。南京事件を描いていてもここにあるのは史実に即した描写ではなく、美化？され様式化されたヒーローの闘いだ。

そのいっぽうで、日本兵はあたかも性獣という描き方で、はしゃぎながら、いかにも幼い一三歳の少女を追い回し、裸に剥いた娼婦を縛り付けて輪姦して殺しと、止まるところを知らない。そういう一面もあったのは事実だろうが、女性を襲うことだけを目的に戦闘をしているような日本兵の描き方というのはやはり、歪みというしかないだろう。しかしその歪みこそが、祝宴にかり出だされ合唱を披露せよと命令される少女たちの、単に合唱披露にとどまらないという恐れに十分な説得力を与える。少女たちが少女であるのにこのような理不尽な要求をされたことによって、娼婦たちがその身代わりになるという差別的な構造も納得させせられてしまうのである。

ただ一人、英語もしゃべる教養人として登場する長谷川という将校（渡部篤郎）の胡散臭さも相当なもので、差し入れをしつつ、少女たちを歌わせ、自らもオルガンを弾いて下手な「ふるさと」を歌い、世界で一番美しいフォークソングだと自慢する底の浅さもまた、少女たちの、宴会で何をされるか分からないという恐れの自然さを強調する。この映画は、中国では、映画を見た人々の反日的な言動を惹起したと聞くが、このような日本の描き方は映画の内部世界だけでなく外部（観客）世界にも影響を及ぼすのだと思う。日本では多分公開も難しいだろう。

この映画には、若い女学生の身代わりとなる娼婦たちの自己犠牲を美談とすることにより両者に軽重があるような描き方がされ、娼婦たちはさらに貶められているのだとする、ジェンダー的な視点からの批判もあるようだが（まったく同感。この映画を見てまず思ったのはそのことだ）、それは今ここではひとまず置いておくとしても、そのような差別的視点を見逃し肯定させてしまうような、史実の描き方（歪曲とまでは言えなくても誇張であるとは言えよう）がされているのは確かだろう。その意味でこの映画は『帰来』以上に背景となる歴史とその中に生きる人々の生の必然を感じさせないものとなってしまった。

作者にとって南京事件や文革は父祖や自分が体験した時代ではなく、すでにはるか昔の単なる歴史上の事件に過ぎないのだろうか。あるいは映画を作ることにより映画世界の出来事として歴史を消費し、単なる昔の話ということにしてしまっているのだろうか。となれば、物語は単なるモノガタリとしてメロドラマになってしまうわけだが、このメロドラマがどれほどに人々を納得させ感動させるのかということも、むずかしいところだ。

（二〇一四・一一　No.60）

# III

# 中国映画のジェンダー

# 韓流の若い元気さに比べ、香港映画は酸いも甘いもよく知る「おとな」だ

## 『インファナル・アフェアⅡ　無間序曲』『2046』『胡蝶　羽化する官能』

**★インファナル・アフェアⅡ　無間序曲／香港〇三年／監督＝劉偉強（アンドリュー・ラウ）、麥兆輝（アラン・マック）**

『インファナル・アフェア』（〇二年）の続編。前作に負けない完成度の高さだ。Ⅰの主役・トニー・レオン（梁朝偉）、アンディ・ラウ（劉徳華）は出てこないが、彼らがそれぞれ相手の組織に潜入したころから香港返還前後の激動の時代を背景に、ショーン・ユウ（余文楽）、エディソン・チャン（陳冠希）が主役の若き日を演じている。この映画で活躍するのはむしろ二人を囲む「大人たち」。芸達者なフランシス・ン（呉鎮宇）、胡軍（フー・ジュン）、そしてカリーナ・ラウ（劉嘉玲）らが必ず途中で命を落とす役（Ⅰには出てこないから……）として、何時そうなるのかとハラハラさせつつ、壮絶だったり哀しかったりの死を迎えるという贅沢な配役だ。

警察のアンソニー・ウォン（黄秋生）、黒社会のエリック・ツァン（曽志偉）はそれぞれ自分の問題を抱え、若者たちを相手組織に潜入させたまま二年間も放置してしまう。それでも耐えて裏切らず、大人の抗争をじっと見ている若い二人のせつなさや緊張がよく描けている。特に難しい厳しい立場の中で「善人であり

たい、警官でありたい」と、黒社会のボスである兄（フランシス・ンが知的かつ繊細に演じて凄味を見せる）にも背き続けるヤン（ショーン・ユウ）が印象的だ。単にドンパチでなく人間の感情をじわりとにじませて、香港アクション映画の健在を感じさせる。

次作『終極無間』（〇三年）ではレオン・ライ（黎明）、陳道明（チェン・タオミン）を迎え、生き残ったラウ（アンディ・ラウ）が「善人であること、警官であること」を渇望しつつ、一人暗闇の無間道を歩き続けることになった。

### ★2046／香港〇四年／監督＝王家衛（ウォン・カーウァイ）

冒頭は、近未来の架空世界「2046」を脱出してきた木村拓哉の日本語ナレーション。ここことフェイ・ウォン（王菲）と彼の絡みの部分は『恋する惑星』（九四年）を引き継いだ雰囲気でちょっと浮き上がっている感じだが、あとはひたすら『欲望の翼』（九〇年）『花様年華』（〇〇年）を思い出させる三部作最後の？一作。なかでもカリーナ・ラウ（劉嘉玲）扮するルル・ミミの若くして死んだフィリピン華僑の恋人（って、つまり『欲望の翼』のヨディ＝レスリー・チャンね）とよく似た、「足のない鳥（！）」と呼ばれる男張震（チャン・チェン。一瞬だがレスリーそっくりに写っている顔もあり、王家衛が『ブエノスアイレス』のとき、レスリーの若いときに似ていると張震を起用したというが、なるほど…と思わされる）を見ていると、私としてはこれだけで胸がつまり、見た甲斐があったと思う。張震はすぐにルル・ミミを刺し、あとは「2046」のアンドロイドとしてほんのちょっとでてくるだけだが、彼の出演場面の多いバージョンがあるなら見てみたい。

過去の恋にとらわれ、恋人と同名のギャンブラーに心をひかれながら新しい関係に踏み出せず、隣の部屋の娼婦、章子怡（チャン・ツーイー）。今までで一番いい。王家衛の女優を見る目の確かさ）に愛され、愛しながらも、ここでも過去ゆえに別れざるを得ない作家（トニー・レオン）の現在と彼の書く小説「２０４６」を重ねて描く。すべての関係は時空のすれちがいと喪失として描かれており、ただ作家とかつてのスー・リー・チェン（マギー・チャン＝張曼玉）の恋だけが回帰すべき真実であるかのように浮かび上がるが、これとてすでに『花様年華』で喪われたものではなかったか。作家の住む下宿の娘フェイ（フェイ・ウォン）は日本人の恋人タク（木村）を追って旅立ち、ここだけはこの物語では異質の世界を作っているが、作家にとっては喪失に他ならない。

くすんだ六〇年代香港ときらびやかな近未来社会「２０４６」を、作家の小説を媒体に無理矢理に接合し作家の思いを封じ込めたという趣には木に竹を接いだという感じもするのだが、同時にそのような世界にでなければ、二番煎じではなく『欲望』や『花様』の世界を再度描くことはできなかったのだろうと納得もする。日本語・普通話・広東語と入り乱れる多言語映画で、なかなかに興味深い。

**★胡蝶　羽化する官能／香港〇四年／監督＝麥婉欣（ヤンヤン・マク）**

夫（エリック・コット＝葛民輝）と幼児とともに暮らすまじめな女性教師（ジョシー・ホー＝何超儀）が、偶然出会った奔放な女性に惹かれ、学生時代の女友達との恋を振り返りつつ自分の思いを見つめ、恋と家庭にひきさかれるが最後には女性との恋を選ぶ。真正面から同性愛をとらえて描いた東京国際映画祭上映作品。

男性どうしの恋愛を描いた映画でよく言われるのは「同性愛であっても異性愛であっても恋に変わりはない」ということで、たしかに『ブエノスアイレス』（九七年／王家衛）や『藍宇 情熱の嵐』（〇一年／關錦鵬＝スタンリー・クァン）などを見てもそんな感じがした。そこには支配し服従し、あるいは支配から逃れ、服従から逃れようとする関係が描かれており、それはまさに『胡蝶』の夫婦もそうであるように、男と女の愛の一つの姿でもあるのだと思われる。

ところが女どうしの愛には支配・服従の関係が希薄で、二人とも相手のみならず自分のうちへの視線、さらに相手を越えた遠い視線を持っているようだ。たとえば、主人公のかつての恋人は第二次天安門事件の中で学生運動にのめりこみ、主人公と別れた後は欧州を放浪し、その中で仏教に帰依して今は尼僧になっている。彼女の恋は彼女の生き方の模索の一つであり、相手に去られても追ったり恨んだり、一人想い続けるのでもなく、去られた自らのうちに視線を凝らしているようである。

女どうしの愛は、他者としての夫とか家庭とか、また自身が女であるということのワク（支配）から逃れようとするところに成立するのかもしれない。自己愛的な要素も強いが、より純粋で、二人の思いが一致したならば至福であろうと感じさせられる。男の愛はワクの中にいたまま他者との支配・服従の関係に移行していく愛であり、女と男の愛では女はワクに取り込まれる。ワクはまさに男性社会そのものと言えよう。

映画祭のティーチ・インで、家庭より恋人を選ぶ女性の生き方は現代の欧米の文化に染まっているだけだと、批判的な意見が欧米人らしき男性から出た。個人主義的な欧米近代文化を見直し東洋的な家族観を重んじる傾向が広まりつつあることを感じるが、しかし、女にとってワクはほんとうにはずれ、個人が本当に重んじられる状況になったと言えるのか…近代批判そのものが、強者が弱者を閉じこめるワクになっているのではないか…いつも思うことだが、またもやそんな思いにかられる。女性の同性愛によってそのような状況が変化するとも思えないが、少なくとも当事者にとって解放の可能性とはなるだろう。

主人公の現在の恋人を演じる田原（ティエン・ユエン）が武漢出身の歌手ということでか、この女優とのからみの場面のみ普通話。こういう会話は現代の香港では普通なのだろうか？

こうやって並べてみると、韓流の若い元気さに比べ、香港映画は酸いも甘いもよく知る「おとな」という感じがする。その成熟と洗練を楽しみたい。

（二〇〇五・三　No.23）

# 「オペラ座の怪人」vs「夜半歌聲」

## 『オペラ座の怪人』『夜半歌声』『夜半歌聲　逢いたくて、逢えなくて』『春花開』

二〇〇四年のケン・ヒル版に続き、〇五年も劇団四季が上演したミュージカル『オペラ座の怪人』。映画化も何回もされているが、四季版の作者でもあるアンドリュー・ロイド＝ウェーバー自身が作曲・脚本・プロデュースした映画作品が、〇五年一月末に公開され、この年前半あちらこちらに劇場を移しつつ延々と上映されていた。ガストン・ルルーの原作は、すでに一九三七年に中国で翻案されて映画『夜半歌声』が作られ、九五年にはレスリー・チャン（張國榮）製作・主演でリメイクされている。この三本を見比べるのがとても面白い。というわけで、まずは……

**★オペラ座の怪人／米〇四年／監督＝ジョエル・シュマッカー**
※アンドリュー・ロイド＝ウェーバー製作・作曲・脚本

**★夜半歌声／中国一九三七年／監督＝馬徐維邦（マシュイ・ウェイバン）**

**★夜半歌聲　逢いたくて、逢えなくて／香港一九九五年／監督＝于仁泰（ロニー・ユー）**
※レスリー・チャン製作・主演

新作『オペラ座の怪人』は舞台を映画に移して大衆化したというべき作品。きらびやかで美しく、お金もかかっていそう。とりあえず驚いたのは出だしのパリ・オペラ座の外観の映像が、九五年レスリー版『夜半歌聲』の「北京」オペラ座の外観とそっくりだったこと。オペラ座どうしだから当たり前とも言えるし、後で『夜半歌聲』をビデオで確認してみるとアングルなどはずいぶん違うのだが、モノクロで撮った外観とか、前面で風に舞う落ち葉?チラシ?など雰囲気全体がよく似ていて、この映画の作者はレスリー版をきっと見ているのだろうと思わされる。

レスリーの『夜半歌聲』は一九三〇年代の馬徐維邦の同名作のリメイクだが、ロイド=ウェーバーの米国版と二つの中国版の話は大分違う。中国版では怪人はもともと人気俳優だったのが恋敵の有力者の陰謀で顔を焼かれ、オペラ座の屋根裏に潜む。一方米国版では怪人は生まれながらの異形で母にも愛されず、見世物として曝され、鞭打たれたあげくにオペラ座の地下に逃げ込む。彼を助けるのも、中国版では男性の召使いだが、米国版は劇場支配人の女性である。ヒロインが、怪人の若いときからの理解者で同世代のこの女性でなく、その娘くらいの若い女優というのは不可解で不愉快。怪人たりとも男が愛するのは若い美人でなくてはというのは差別意識丸出しだと思うが、それはともかく、こちらの怪人がヒロイン・クリスチーヌにひたすら迫るのに対して、中国版の怪人は顔を焼かれたことを恥じて恋人の前から姿を消し、夜半に歌うことでのみ彼女を慰める。これが中国版の題名の由来である。

こうしてみると、中国人の禁欲的純愛ロマンスを生み出す力はたいしたものだと思う。もっとも、それは同時に女性をヒロインとしてより、周辺人物として退けることになる。ヒロインは恋人=怪人を失い、正気を失ってさまよい、怪人の身代わりになった若い男優を恋人と錯覚する。はなはだ哀れな、どうしようもない受け身の女性として描かれている。こうして怪人と召使い、あるいは怪人が自分の身代わりとして恋人を慰める役を負わせる若き男優とのホモソーシャル的な結束が強調されることになるのである。二つの中国版の結末は多少異なるが、まったく救いのない馬徐維邦版に比べて現代的な美形男優が二人の主人公を演じ、結末も一応「大団円」にいたるレスリー版のほうが、よりホモソーシャル映画になっていることは否めない。女にとっては美しい男優を見る喜びに浸りつつも、のどに小骨が刺さったような、いささかの割り切れなさを感じずにはいられないことにもなるのだ。

ところで、米国版『オペラ座の怪人』、映画として見るのなら、やはりリアリティ不足の感あり。舞台の映像として見るなら歌が今ひとつ、というのが一番の問題か。怪人（ジェラルド・バトラー）もいささか見栄えがよすぎて、これであんなふうに隠れ住まなくてはならないかなあと思わされてしまった。これはまあ、レスリー版も同じだが。

さて、〇五年は、三月から四月にかけて香港映画祭に出かけた。正味五日間の滞在で、その間に『インファナル・アフェア』（〇二年／アンドリュー・ラウ、アラン・マック）『ブレイキング・ニュース』（〇四年／ジョニー・トー）などのロケ地めぐりをしたり、レスリー・チャンの命日である四月一日を中心に行われた追悼行事に参加したりで、なかなか見たい映画すべてを見ることはできなかったが、十本の香港・中国（大陸）映画を見た。とりあえず、もっとも印象深かった作品を一つだけ紹介しておく。

**★春花開／中国〇四年／監督＝劉冰鑒（リュウ・ビンジェン）**

監督は〇四年日本公開された『涙女』の劉冰鑒。前作同様中国の田舎町を舞台に、夫を喪い、彼の残した造花工場を受け継ぐ妻（最初にＤＶ？らしく顔中痣だらけで出てくるので、これは夫殺しの物語なのかもしれない）を、十五年振りに映画主演するという劉暁慶（リュウ・シャオチン）がいかにもけばけばしく品悪く演じて迫力がある。この女性と、造花工場に勤める若い男性二人との関係が描かれるが、最初に彼女が手をつける純朴な青年を押しのけ未亡人とつきあう青年を演じているのは、『さらば、わが愛　覇王別姫』（九三年／陳凱歌）で小豆子を演じた尹治（イン・ジ）。ややふっくらしたが、あのときの映画そのままの顔、身のこなしで、やや世間知のある女たらしの若者を好演している。未亡人・劉暁慶の姪を演じるのは『涙女』の寥琴（リャオ・チン）。

素朴な青年は恋した未亡人を友に奪われ、未亡人は青年など見たこともないように扱う。彼は友を刺して出奔し、未亡人の姪を訪ねて行くが、もちろんそこにも安住はできない。最後の場面はさまよう青年の前に、殺したはずの友の結婚の車の列が現れる……というわけで、殺したのが事実なのか幻想なのか、未亡人の行為が事実なのか幻想なのか、そして未亡人の夫殺しが事実なのか幻想なのか、すべてが曖昧な白昼夢のような描き方をされており、素朴そうでありながら奇妙にねじれた世界を描出して、現代中国社会の一面を表しているようだ。英名は『プラスティック・フラワーズ』。未亡人の工場の造花を表すとともに、この映画の「現実」のありようを示しているのでもあろう。

（二〇〇五・七　No.24）

# 香港警察の「紅一点」――女が刑事を演じるとき
## 『ワン・ナイト・イン・モンコック』『PTU』

二〇〇五年夏、香港の夜を描いた二本の警察もののアクション映画が公開された。監督は、爾冬陞と杜琪峯という香港映画界の実力派。あたりまえのこととはいえ、同じ香港の一夜を描きながらずいぶんと肌合いが違うのがおもしろい。

**★ワン・ナイト・イン・モンコック／香港〇四年／監督＝爾冬陞（イー・トンシン）**

世界で一番人口密度の高い街・旺角のクリスマスイブ、チンピラどうしの小競り合いから黒社会の抗争が起こる。一方の派に大陸から呼ばれる若い殺し屋（ダニエル・ウー＝呉彦祖）、居合わせた旅館で男にいたぶられる現場を殺し屋に助けられる出稼ぎ娼婦（セシリア・チャン＝張栢芝）。そして、両派の抗争を叩き、殺し屋もろとも一網打尽にしようというプロジェクト「旺角黒夜」を実行すべく夜の街を駆けめぐる警察チーム。そのリーダー、苗（ミウ）警部（アレックス・フォン＝方中信）は実は爾冬陞が製作した『ダブルタップ』（九七年／監督＝羅志良＝ロー・チーリョン）の刑事と役名も妻役も同じ。『ダブルタップ』ではエリート然とした風貌で、妻に愛され、自らのうちに狂気の断片を自覚しつつもバンバンと拳銃をぶっ放していたが、この映画では過去の「傷」に悩み、使命よりも部下の命を守ることを優先する態度で部下にさえも不信感を持たれ、結婚生活も崩壊寸前という男として現れる。

いつもいやらしいほどにスマートなダニエルは、それゆえか、最近作では気障な悪役まがいが多かったが、本作では今までの彼の役柄とがらりとかわり、文字もろくに読めず広東語もしゃべれない、殺し屋志願でありながら底に優しさを秘めた田舎出の素朴な青年をダサく、きちんと演じている。そしてセシリア、彼女は美貌ながらビンボウで、一回百三十ドルの取り分で三週間に八千香港ドルを稼ぐため大陸との間を行き来し、十五人家族を養う娼婦である。映画の最後、彼女は普通話で「香港はなぜ香る港なのか」とつぶやきつつ、二度と戻らぬと香港を去っていく。ちなみに二人の会話は基本的に普通話。

殺し屋ダニエルも、彼が大陸から探しに来る恋人も、ダニエルを大陸から呼び寄せる男（林雪＝ラム・シュー）も、貧しい大陸から香港に香りを求めて裏切られ、死や破滅に追いつめられて行く人々だ。そのような人々や、自らもその一人として一部始終を見つめ続ける娼婦・セシリアに向ける目の細やかさによって、そして彼女の目を通して香港を見ることによって、この映画は血みどろながら情感あふれる作品に仕上がっている。

**★ＰＴＵ／香港〇三年／監督＝杜琪峯（ジョニー・トー）**

『旺角黒夜』の夜が暗闇と緑がかった黄や赤の濁った光に彩られるのに対して、『ＰＴＵ』の夜はブルーを基調に鮮やかな赤い光と暗闇の対比が美しく、まるで架空の街のよう。

こちらは九月の一夜、四人組強盗団の跋扈が話題となる尖沙咀で、林雪扮する非番の刑事が拳銃を紛失する。拳銃を持ち逃げしたと目されるチンピラのボス。同僚の失態を報告せずひそかに拳銃を探そうとするＰＴＵ（Police Tactical Unit）の隊長（サイモン・ヤム＝任達華）と不服顔の部下たち。別ルートでやくざの殺人事件を追ううちに彼らと絡んでくることになる、女性刑事をリーダーとする別働チーム。彼らが三つ巴・四つ巴?になって、まるでゲームのように話は進み、最後には、対立する黒社会のボス、強盗団、それに警察との、広東ロードでの派手な銃撃戦へとなだれ込んで行く。鮮烈にして透明感のある色合い、しゃれた画面構成、自転車で一人深夜の街を走り回る子供とか、背中から胸に包丁を貫通させたまま病院目指して車を走らせ、途中で息絶えるやくざとか、丸裸で小さな檻に体を丸めて入れられるチンピラの私刑、そしてPTUの隊員たちの、腕を前に組んで歩く不思議に優雅なパトロール姿とか、けっこうシュールで魅力的な映像が多く、さすが才人ジョニー・トーという感じ。ただし、それだけと言えばただそれだけの映画ではある。

この映画には二人の女性捜査官が登場する。一人はPTUの一員で男性と同じ制服姿。もう一人は、拳銃紛失を隠そうとするPTUのメンバーや林雪を不信の目で追い回し、男たちを指揮して情報提供者を締め上げる強面の女性刑事(ルビー・ウォン=黄卓玲)。だが彼女は銃撃戦に震え上がり、拳銃を手から落としたまま拾えないという弱さを露呈し、結局PTUの虚偽報告にも荷担するような行動を取るというふうに描かれる。作品の設定そのものが命令をする女を拒否しバカにしているようだ。

多作でジャンルの幅も広いジョニー・トー映画にはさまざまな女性が登場するが、最近のアクション作品には概して女性の描き方が物足りなかったり、女性への敵意を感じさせるものが多い。そもそもアクション映画が「男の映画」ということでもあるのだろうが、中国には女性を主人公とする武打片の伝統があるし、トー自身もかつては『ワンダーガール(東方三俠)』(九三年)など女性が活躍する映画を作っているのだが。

『ザ・ミッション非情の掟』（九九年）のヒロインにして唯一の女性登場人物は後ろ姿も含め数シーン登場しただけで殺されてしまったし、『ブレイキング・ニュース』（〇四年）は警察が張り込み現場の生中継をしながら犯人を追いつめていこうとするユニークな設定の映画だが、生中継の発案・実行をしながら実は映像を不正に修正し犯人側の実況中継を誘発し、結局犯人との中継合戦に敗れる刑事を女性と設定し、ケリー・チャン（陳慧林）に演じさせている。また『マッスル・モンク』（〇三年）に至っては頑張る刑事セシリア・チャンの無気味な生首映像まで登場させた。『柔道龍虎榜』（〇四年）のチェリー・イン（應采児）扮する歌手志望のタフな女性のように、男たちの結束の中にあって自分の夢を貫く姿が作品に広がりを与えているという例もあるが、少なくとも女性刑事に対する監督の目は冷たい。

香港ノワールは男の世界である。『男たちの挽歌』（八六年／ジョン・ウー）から『インファナル・アフェア』（〇二年／アンドリュー・ラウ、アラン・マック）まで女たちは刑事の妻とかボスの情婦の役割しか与えられてこなかった。だが、時代の流れの中で香港警察にも女性刑事が登場することになる。実は『旺角黒夜』の刑事チームにも一人、小柄な女性刑事がいる。ＰＴＵの一員と同じように、拳銃を持ち深夜の街を歩く姿は性別以外に男性たちとの区別はない。これが実態をあらわしているのかどうかはわからないが、アメリカ映画の刑事チームの黒人のようなもので、差別はないということの一種のアリバイ証明として使われているのだろう。でも、彼女たちはリーダーではないし、先頭に立って現場に踏み込んだりすることもない。彼女たちが出世して命令する立場に立つことになると、「俺たちの縄張りに踏み込むことは許さない」という男たちの意識が作品の前面に現れてくるのである。女性刑事をチームの紅一点にとどめ、ヒロインを警察に叩かれる側の娼婦にしたのは保守的な選択ではあるが、『旺角黒夜』の成功の一因かもしれない。

（二〇〇五・一一　No.25）

## 張元の描く中国の新しい愛のかたち

### 『我愛你』『緑茶』

同じ恋愛・結婚を描くにも各種各様の描き方があり、同じアジアといってもそこには「国柄」も現れるように思われる。どちらかと言えば男が純愛を捧げ、しかもすれ違いと悲劇の韓流、懸命に生きる男女が懸命に愛しあう香港。

では中国は？というところで、二〇〇六年三月から五月にかけて上映された張元（チャン・ユエン）の二作品『我愛你（ウォ・アイ・ニー）』と『緑茶』を見る。

張元といえば、『北京バスターズ』（九二年）『広場』（九四年）『インペリアル・パレス』（九六年）『クレージー・イングリッシュ』（九九年）『ただいま』（九九年）などを見ているが、いずれも日常生活と連続しながらも少しはずれたところに位置する題材を鋭く切りとったメッセージ性の強いドキュメンタリーやドキュメンタリータッチのドラマ作品で、ベネチア映画祭銀獅子賞・監督賞を取った『ただいま』（九九年）で認められるまで中国国内では上映が許されなかったという。

**★我愛你／中国〇二年／監督＝張元（チャン・ユエン）**

うーん。なんか、すごい…。見ていてすごくしんどい。そしてしんどいとは思いつつもやはり最後まで画面から目を離せず身につまされる映画でもある。

看護師の杜枯（徐静蕾＝シュー・ジンレイ）は婚約者を事故で失う。（これが、空のプールに誤ってダイビングするという、信じられないような事故）その後彼女を慰める婚約者の友人・王毅（佟大為＝トン・ダーウェイ）とつきあうようになり結婚する。愛し合って結婚した二人の気持ちがすれ違い、ぎくしゃくし出し、とにかく自分のほうを向いて欲しいと迫る妻、妻の迫力に辟易して、なんとか自分の世界を守ろうと背を向ける夫。どうにも修正できず、ますますこじれ、とうとう別れに至るまでの二人の姿が実に丁寧に描かれる。夫がどこにでもいそうな、穏やかな感じの若者なのに対して、徐静蕾が演じる妻は決して自分の気持ちをごまかさず妥協しない。怒って家を飛び出すのはまだしも――このとき夫はあわてて探しに行くが、結局見つけだせず戻って寝ているところに妻が帰って来る。現実的な夫婦のすれ違いが象徴的に描かれている――ベッドに火をつけたり、あげくは夫を縛り上げ監禁までしてしまう。わがままで、狂態そのものとも言える。実際、目を据え夫に迫る徐静蕾には迫力があり、夫役の佟大為ともども、かわいい妻がコワイ妻に、すてきな夫が子供っぽく卑劣な男へと揺れるようすが視覚的にもよく見えて、結婚生活の一面の真理を示しているようでなかなか。

この妻は、しかし、多くの人が目をつぶって耐えたり諦めたりして通り過ぎることに目をつぶらないだけなのだと思う。目をつぶらないことによって起きる軋轢は、目をつぶっていても実は存在する軋轢である。結婚生活にこのような軋轢が生じるのはあたりまえである、と私には思われるし、この映画はその意味で普遍的な結婚生活の淋しさを描いている。後半、刑務所の病棟で意識不明で寝たきりになっている妻の父の存在が示される。最初の婚約者の死とともに、これは妻の愛への飢えとか孤独を示し、彼女の愛を求める姿を説得力のあるものとして描こうとしているのだろうが、不要な場面にも感じられる。

二人は別れ、最後に一人になって身ごもって生きていくヒロインがとても潔く幸せそう。なにしろ胎内の子供は常に母とともにあり絶対に母を裏切らない。もっとも十数年後には今度は母子相克のドラマが始まりそうな気もしないではないけれど。

**★緑茶／中国〇三年／監督＝張元（チャン・ユエン）**

一人の女性が喫茶店で初対面の男性を待つ。彼女・呉芳（ヴィッキー・チャオ＝趙薇）は金持ちの男との見合いを繰り返す大学院生。いかつい黒縁眼鏡と、ひっつめ髪、黒のパンツスーツで華やかさはないし、口調も厳しく、何のために見合いをしているのかよく分からない雰囲気だ。もっとも、このヴィッキーのリクルート・スタイル、脚は長いし、さすがに格好良い。それゆえか、相手の男性・陳明亮（姜文＝チァン・ウェン）も彼女に惹かれる。

冷たい反応しか示さない相手を彼は繰り返し誘い、二人はお洒落な喫茶店やバーで会う。彼女は茶葉の揺らぎで愛の行方を占い、その占いを彼女に教えた友達の身の上を語る。友達の母親は死化粧を仕事とし、その仕事を嫌う夫に虐待され常に手袋をはめさせられていた。最後にその母は娘の目前で夫を殺し服役中だという。しかし、この話は友人のことなのか、呉芳自身の身の上なのか定かでないところもある。そして二人の仲は少しも進展せず、そんな時、画家の友人に連れて行かれたバーで陳明亮は呉芳にそっくりな女性に出会う。彼女蘭蘭はピアニスト兼娼婦。何百人もの男友達がいると言い、さばけたようすで彼の気をひく…二人は同一人物なのか、別人なのか…翻弄される陳明亮。

とにかく生活感のない映画で、大学院生の呉芳は鞄と本を持って歩いているだけだし、蘭蘭のほうもピアノを弾く場面はあるものの、それ以上に生活に踏み込む描写はなく、男性のほうも金持ちみたいだが、何をして暮らしているのかわからない。場面はほとんど飲み、語り、歩くといった描写に終始する。舞台となった店は友人役で出演している画家・方力鈞（ファン・リージュン）の店「茶馬古道」や北京三里屯などの最先端の人気スポットなどで、いかにもそれらしいアーティスティックな内装。また、什刹海の胡同など戸外も含め、その場面の主要登場人物以外は映さないというカメラワーク（クリストファー・ドイルが担当）もすっきりして、「二人の世界」以外は映さないことに徹しているようだ。

ところで、ヴィッキー・チャオ演じる二人の女性は対照的な装い、性格、男性に対する態度だが、二人が別人なのか、二重人格なのか、それとも何かの魂胆で一人二役を演じているのか最後までわからない。この後男女二人がどうなっていくのかもわからない。「二人の世界」は本当に「二人の世界」なのか。密着しながらはるかに遠いところにいて噛み合わない二人の距離に、観客も翻弄される。

こんなふうにわからないづくめで最後まで引っ張っていく演出はさすがだが、これ一本だけ見ていると、こういう映画の意義そのものが今ひとつわかりにくいとも感じる。しかし、『我愛你』と並べてみると、二つの作品は一枚の絵の表裏のような関係ではないかと思い当たる。まるごと相手を愛し愛されたいと願うことの難しさ、それならば最初から相手に見せた自分の一面で愛し愛されればよいとする姿とそのむなしさ。張元は情緒を排し、きわめてドライにそれらの愛を描く。

このような「愛」の描き方は韓流にも日本にも香港にも見られない、激しく変動し人も価値観も変わりつつある中国の大陸的な現実でもあり感性でもあるように思われる。その意味ではさすが張元。とはいえ、もちろん中国にも『初恋の来た道』（〇〇年／張芸謀）や『故郷の香り』（〇三年／霍建起＝フォ・ジェンチー）

が愛される土壌があるわけだから、張元の描く愛の形はやはり異端ということになるのかもしれないが。

（二〇〇六・七　No.27）

# 韓国の若手×香港のベテラン二本の映画に描かれた〝DV〟

## 『息もできない』『夜と霧』

DV(ドメスティック・バイオレンス)や幼児への虐待が話題になることが多い。社会のひずみの反映か、家族の未成熟によるのか。それにしても、人はなぜ愛する者に暴力を振るうのだろう。今まで穏やかに笑っていた人が、一瞬の機微で目を据え、暴言を吐き手を上げるという場面に遭遇すると怒りよりも恐怖に身がすくむ。それが優しい夫、頼もしい父親の、あるいは妻や母の突如の変貌によって行われるとしたら……やられる側、特に子どもは息をひそめ、身を縮めて、ものも感じずに生きていくしかない。そんな世界を描いて、二〇〇九年秋の東京フィルメックスではじめての最優秀作品賞と観客賞のダブル受賞を果たし、国際映画祭・映画賞で二十五以上の賞をとった韓国映画が翌春一般公開された。

**★息もできない/韓国〇九年/監督=ヤン・イクチュン**

暴力が描かれるわりには、決して派手なバイオレンス映画ではないのだが、題名どおり息もできないほどに身につまされる迫力で、ぐいぐいと引っ張り込まれる作品だ。

主人公は監督自らが演じるサンフン。見るからにチンピラ然とした風貌で、借金の取立てを業としている。返済が遅れる相手をボコボコにするのにも躊躇しない獣のような男。道で吐いた唾が飛んだ先にいた女子高校生ヨナとの出会い。引き止められて口汚く罵るサンフンに、まじめそうな風情に似合わず「そんな汚い口しかきけないのか」と言い返す彼女の強気がユーモアさえ感じさせる爽やかさで、サンフンもたじたじとなる。二人は荒っぽい応酬のなかでいつしか心を惹かれ合う。

サンフンは、実は父がDVにより妹を殺し、また妹の死に動転した母を交通事故で失い、服役をした父が出所した今も彼を恨み、暴力を振るうという男。やはり夫の暴力が原因で離婚した姉とその息子に示す少し見当はずれの優しさ以外誰に対しても傍若無人にふるまう彼が、この女子高生には弱いというのがおかしい。彼らのやり取りにただようユーモアがこの荒々しい映画の底に潜む人間への愛を示しているようで秀逸。気丈なヨナも実は経営する屋台に加えられた暴力で母を失い、それを受け入れられぬ父と、荒れる弟の罵声を浴びながら家事や家計をひとり背負うという救いがたい環境にいる。

二人が肩を寄せ合う中で、次第に暴力から抜け出そうとするサンフンと、逆に暴力の世界に踏み込んでいくヨナの弟が出会い……ヨナの母がサンフンたちの暴力で死に、サンフンはヨナに出会い、ヨナの弟もサンフンの仲間たちにかかわることで暴力とのかかわりを持つようになるというあたりはいかにも韓国ドラマっぽい因縁話めいた筋立てだが、こんなふうにからみあっていく人間関係は、朝鮮半島の突端、行き止まりの韓国社会の息詰まるような閉塞性も感じさせる。

どこへも逃げ場のない閉ざされた空間で荒れ狂うおとなの暴力にさらされた子どもたち。その中で、自らも憤り、荒れ狂わざるを得ない青年や肩肘張って抵抗しようとする少女の哀しみ。そんな彼らがお互いの存在に、閉ざされた闇を突き破る光をようやく見つけかかるのだが……。

### ★夜と霧／香港〇九年／監督＝許鞍華（アン・ホイ）

若きヤン・イクチュンに対して、香港郊外の低所得者層が暮らす新興高層住宅、天水圍を舞台に夫によるDVの果て、妻子惨殺という悲劇を描いたのはベテラン、アン・ホイである。この映画は本書第V章で紹介する『生きていく日々』（〇七年）と対になる作品として作られたという。前作で、貧しい中でも与えられた仕事の場で懸命に働き、さりげなく隣人と支えあって生きる人々の暮らしが穏やかに描かれたのに対し、本作で描かれるのは異常で悲惨な暮しのありようであり、血なまぐさい事件である。

映画は、事件のシーンから始まり、隣人や妻子が身を寄せていた被害女性の保護施設の仲間が一家の暮しを回顧して語るというスタイルをとる。

歳の離れた若い妻を四川から迎え、双子の娘を持つ中年男。失業中の焦りや、食堂で働いて一家を支える妻への嫉妬、さらには疑惑、そんなものが人当たりの良い、子煩悩な父、また優しく妻の洗髪を手伝う夫の感情の裏に見え隠れする。妻を殴り、怪我をさせ、彼女が避難所へと逃げるたびに、怒りが増大し鬼気迫る雰囲気になっていく夫をサイモン・ヤム（任達華）が好演している。避難所から戻った妻や娘と歩く彼の姿は、少々くたびれた感じはあるものの、優しげで穏やかな父であり、一家はいかにも仲睦まじい雰囲気である。そして自宅に帰ったとたんにまた暴力がはじまる。

妻（張静初＝チャン・ジンチュウ）はまだ少女の時代に四川の故郷から出稼ぎに出て、風俗店で客としての夫に出会ったらしい。彼女の故郷が緑瑞々しい印象的な竹林の風景とともに美しく描かれる。かつて、妻を娶りにその地を訪れた夫は歓迎されて、妻の家族のために家の修理をし、妻の父と酒を酌み交わした。美しい景色の中で、妻の妹に言いよる夫、料理のために袋に詰めた豚を棍棒で撃ち殺す夫の姿が不気味な違和感を持って立ち上がるのだが。

この映画に描かれる天水圍の風景、遠くに見える緑の山並みの美しさ。そこに屹立する住宅ビルも、景色とは釣り合わない未来都市風の無機質さはあるが、少なくとも外見からは失業者や低所得者の居住地帯の暮らしに想像されがちな貧相とか汚れとかは感じられない。しかし、その美しさの中ゆえ、血なまぐささは一層陰惨なものとして私たちに迫ってくるのでもある。

美しい故郷を去った妻は、この美しい郊外住宅地に流れて、知る人もいない土地で、帰るべき場所もなく、いわば流れついた者（彼女が娘たちに語る場面がある。もし自分たち夫婦が別れたらあなたたちは四川のおばあちゃんのうちへ。私は出稼ぎをしてあなたたちに仕送りをすると……）。そして周りの人々も多かれ少なかれそうであり、隣人も困った彼女をちょっと助けたり、健康体操に参加するよう声をかけたりぐらいはするが、深入りはしない。保護施設の仲間たちも、彼女の話を聞き、ともに怒り、DV反対のデモにもいくが、彼女を具体的に助ける力を持つわけではない。その意味ではこの一家は周囲から孤立している。それゆえに暴力はとどまることを知らず大事件に発展してしまうのであろう。

とはいえ、すでに成人した夫の前妻との息子が父親に文句を言いつつも小遣いを渡す場面とか、何よりも『生きていく日々』で同じ高層住宅に住む別の家族の穏やかな支えあいと自立とが描かれた、その記憶がこの映画の救いとなっている。この大きな無機的な高層住宅には『夜と霧』のような悲惨な事件もあるが、支えあう地道な暮らしを地道な夢とともに生きる人々もたくさんいることが二本の作品によって強い訴えとなり、観客を絶望感から救う。暴力を振るう夫に決して同情しているわけではないが、この映画はあきらかに夫の側の弱さ・卑劣さを私たちのうちにもありうるものとして、夫と寄り添う目によって描くし、そのことによって映画としての意味を持つと思われる。

あくまでも暴力にさらされる子の立場から描く若いヤン・イクチュンとは対照的なアン・ホイの熟達が感じられる。

（二〇一〇・五　No.42）

## 時代を映す？「性愛」の消費
### 『ロスト・イン・北京』『我らが愛にゆれる時』

**★ロスト・イン・北京／中国〇七年／監督＝李玉（リ・ユー）**

この映画が二〇〇七年の第五七回ベルリン国際映画祭に出品されるとき、その激しいセックスシーンや、医者の収賄といった場面が問題になり、それらの描写のカットを条件に出品が許可されたという。中国国内でもカット版が上映され、DVDも発売された。しかし製作者が当局の指示に従わず、オリジナル版を出品したことで中国国家広播電影電視総局はあらためて上映を禁止し、監督李玉は二年間の製作禁止処分を受けた。このいわくつきの作品が、五年を経てようやく二〇一二年になって、日本国内でもDVD発売された。

で、さて、そのセックスシーンといえば、主演の范冰冰（ファン・ビンビン）と佟大為（トン・ダーウェイ）が演じる苹果（ビングォ＝リンゴの意）と夫・安坤のシャワーを浴びながらの文字通りの「濡れ場」、そして、なんと香港のベテラン俳優梁家輝（レオン・カーファイ）演じるマッサージ店の老板（社長）が、酔って寝込む従業員の苹果をレイプする場面。全裸の安坤のお尻は丸々と可愛らしいし、二人はかなり大胆に体を合わせ、劇場上映なら完全にぼかしが入るところだろう。一方の梁家輝もブリーフを半分ずり下げての大奮闘（エロティックというよりなんかコミカル）で、役者も作者もホントに大変。物語展開の上でもまあ、必要なシーンなのだろうが、例によって、扇情的なキャッチコピー、トレーラーが先行している感じで、実は映画に現れる性愛場面は決して多くない。しかも、范冰冰ほどの売れっ子女優がよく頑張ったとは思えるものの、この苹果、酔っ払って多少は扇情的な姿態を見せはするが、おおむね受身で保守的なセックスシーンの演技である。

安坤の仕事はビルの窓拭きだ。作業中の窓外から老板・林東が自分の妻を強姦するのを目撃してしまい、マッサージ店に飛び込み、慰謝料を請求する。林東は相手にせず、逆に苹果をクビにするが、まもなく苹果の妊娠が判明する。安坤は再び林東と談判、子どもは林東の子に違いないと主張し、二万元の慰謝料と子どもが生まれたら十万元で引き渡すという商談を持ちかける。林東は妻との間に子ができず、自らの血統を受け継いでいるかもしれない子どもの出現に心を動かされてしまい、この話に乗るのである。

彼はいったんクビにした苹果を再び雇い、しかし無理はせぬようにと気遣いを見せる。朝礼で、林東が全従業員の前に立ち、号令をかけながら、奇妙な体操をする場面に、この広東から来て北京で事業を興した社長の一生懸命振りがコミカルに描かれる。彼は苹果には露骨にこの体操を免除する。コミカルなだけに林東という男の自己中心性が強調される。

そして出産。期待通り男の子が生まれたが、血液検査の結果安坤は、この子が自分の子であり、林東の子ではないことを知る。そこで安坤は林東にも妻にも内緒で医師に賄賂を贈り、血液型の書き換えを承諾させてしまう。林東は苹果を乳母として、子どもともども自分の家に引き取る。取引は無事成立したかに見えるが、この後事態は意外（でもないか…）な展開をし、林東、安坤どちらも自らに裏切られ、もくろみは破綻していくことになる。

このように見ていくと、物語が、ヒロイン苹果ではなく、二人の男たちによって動いていることがわかる。映画では妻の妊娠さえ利用してゆすりまがいの稼ぎをもくろむ安坤の拝金主義、金にものを言わせ、なりふり構わぬ林東の血統へのこだわりが、コミカルに、だが厳しく批判される。しかし、妊娠し子を生むという重い役を負いながら、ヒロインは男二人に翻弄され、ただ流されていくだけだ。

映画には北京の高層ビルの街並みの美しい映像がしばしば挿入され目を引くが、そのような街に潜み、むしろ蔓延する拝金主義や血統主義の狭間で「ロスト」してしまった、それがヒロイン苹果で、その心細さ（最後にある決断をするが、その姿さえも心細い）が痛々しい。それは最初のセックスシーンでの受身な痛々しさにもすでに現れている。ここでのセックスは性愛というより、そんな現代社会の拝金主義や血統主義を支えて消費される手段でしかない。苹果はそれに抗えず、友達の小妹はその狭間で殺されてしまうのである。

范冰冰は、冒頭、気が強いしっかり者の美人、ただし途方にくれて、ときにうつろな目をする貧しい女性をよく演じているが、中盤の出産後は、彼女がかつて演じてきた古装片（時代劇）の美女と同じ印象になってしまう。それゆえ、批判は登場人物ではなく、作者の視点からしかなされない。作者李玉は女性ゆえに厳しい批判ができたとも思えるが、映画としては、そこがもうひとつ物足りないところでもある。

ところで同じ第五七回のベルリンで金熊賞を受賞したのが『トゥヤーの結婚』（〇六年／王全安）で、これについては本書第I章でも紹介した。障がいを負った夫との生活のために別に結婚相手を求める妻とその夫、さらに新しい結婚相手を描き、「性愛」のありようについて考えさせられる作品だった。その主演女優余男（ユー・ナン）が前作とは反対の立場の女性を好演し、次の第五八回のベルリンで銀熊賞（脚本賞）を受賞した作品がある。

**★我らが愛にゆれる時／中国〇八年／監督＝王小帥（ワン・シャオシュアイ）**

この映画も日本では特別上映以外に公開されず、見落としてしまっていたが、一二年、『ロスト・イン・北京』と同時に、国内でDVDが発売された。

幼い娘が白血病に冒され骨髄移植だけが助かる道なのだが、母も、離婚して今は別の女性と再婚している父親もドナーに適合しない。母親はその元夫との人工授精によってドナーとなれる第二子を産もうと決意する。しかし、それは元夫夫婦にとっても、また母親が再婚した、実父のように娘を可愛がっている現夫にとっても簡単に受け入れられる選択ではない。二組の夫婦の間に波乱が起こるが、元妻の強い決意に元夫は押し切られ、現夫も驚くべき優しさで受け入れ、実は自分の子こそ欲しい元夫の現在の妻（これがユー・ナン、ゆれる気持ちを演じて上手い）も結局合意、三回にわたる人工受精が行われるが、妻は妊娠しない。医師に四回目の試みを断られ、実際に元夫とベッドインするしかないと妻は考えるが……。

ここではもはや性愛は子作りのための手段でしかないが、妻は元夫とのベッドを真紅のシーツで覆って性の演出をするし、二人はそれぞれの現在の配偶者にそのような二人の関係を話すことはできない。単なる手段と割り切れないセックスと、それにもかかわらず手段として消費しようとする彼らの矛盾が二組の夫婦を苦しめる。子の命を何とか救いたいという妻の気持ちに引っ張られ、姉のためだけに手段として生まれてくる第二子（しかも必ずドナーとして適合するとは言えない）はどうなるの？と思ううちに、話は最後にいたって現夫の決めの一言で劇的に解決するのだが……。

性愛は（擬似的にではあっても）愛によって行われ子どもは基本的には授かりものである、などというのはトンデモなく古臭いものの見方なのだと突きつけられたような、きわめて現代的な北京で繰り広げられるきわめて「現代的」な男と女の映画二本だ。

（二〇一二・八　No.51）

# IV

# 戦う映画——カンフー・アクション・武侠片

# 合作映画『墨攻』の香港映画「らしさ」と「らしくなさ」

## 『墨攻』

『デパーテッド』（米国〇六年／マーチン・スコセッシ）が〇七年第七九回のアカデミー賞を取った。リメイク映画での受賞？と思うし、巨匠へのご祝儀だなどとも言われたが、スピード感もあり、緊迫感もあり、アクション・スパイ映画としてはそれなりによくできている。ただ、原作の香港映画『インファナル・アフェア』（〇二年／アンドリュー・ラウ、アラン・マック）の持っていたウェット感がすっぽり抜け落ち、その点ではまったく違う映画になってしまった。

香港映画はたとえハードアクションであってもどことなくウェットである。ウェットといっても別に盛大に涙を流すとかいうわけではない。人間関係やさまざまな葛藤が登場人物の行動を決めていく側面が多く、そのことによって醸し出される一種の雰囲気とでもとでも言えばいいだろうか。警察に黒社会から送り込まれ情報を流しながら、「良き人」でありたいともだえ、しかしそれにもかかわらずさらに罪を重ねるしかなく、そのことに苦しみながらも苦しみを胸のうちに秘めて、まさに原題通りの「無間道」を生き続けなくてはならない『インファナル・アフェア』の主人公のあり方などはその典型のように思われる。

べつに香港が水辺にあり雨も多い亜熱帯だから、というわけではないだろうが、このウェット感は大陸の中国映画にも概して希薄である。『デパーデッド』では主人公は「無間道」を生き続けることはないが、これは実は大陸で公開された『インファナル・アフェア』でも同じで、悪は悪としてきちんと制裁される、というのが共通したドライな空気である。大陸では、どんなに葛藤しながらでも悪が生き残るという展開は許されなかったようで、香港版とは別の編集が行われた。

## ★墨攻／中国・香港・韓国・日本〇七年／監督＝張之亮（ジェイコブ・チャン）

四カ国の合作映画である。原作は日本人、スタッフにも日本人が参加し、演技陣は大陸、香港それに韓国から。ことばは普通話で、主人公革離を演じるアンディ・ラウ（劉徳華）を含めほとんどの出演者の台詞は吹き替えられているようだ。日本公開版では趙の武将巷淹中を演ずる韓国の安聖基（アン・ソンギ）がなぜか訛のある中国語を自分の声でしゃべっているが、これは「異国」の敵役という設定ゆえか。で、最初は吹き替えが耳についたのだが、意外にもだんだん気にならなくなり、どんどん映画の世界に引き込まれる。

墨家の孤独な戦略家革離が、攻め込む趙から梁城を守り撃退するが、戦いによって多くの人命が無辜に失われることに悩み、民衆を味方につけたことで梁王の不信を買って謀反の罪を着せられ、やがて再び攻めてくる趙軍と対決する。その間には騎馬隊をひきいる女性とのほのかな交流もあるが、最後はかなり悲劇的。激しい城攻め、防城をさまざまな技術を駆使して見せ、娯楽映画としての水準を保ちながら、この卓抜した戦略能力の持ち主革離を、戦に悩む男としてあたかも修行僧のような面持ちに描くところに、戦そのものを肯定しないジェイコブ・チャンらしい社会的な視点が現れている。最後に子供たちをつれて城を出ていく革離の姿が胸に沁みる……アンディ・ラウの、こういう感じで心に苦悩を秘めながらストイックなポーカーフェイスというのも『インファナル・アフェア』以来のはまり役。というわけで、ああ、これはまさに香港映画のウェットだと思う。

砂漠のような黄土平原、切り立つ岩山、そこにそびえる城郭、繰り広げられる戦いというのは中国を舞台にした時代劇—武侠映画の典型のひとつだし、近年は、それらに大陸だけでなく香港、韓国、日本の俳優・スタッフなども参加しての合作というのも流行りだ。日本公開作で言えば『ヘブン・アンド・アース天地英雄』(〇三年/何平＝ハー・ピン)『MUSA(武士)』(韓国〇一年/キム・ソンス)があるし、『PROMISE無極』(〇四年/陳凱歌)『HERO英雄』(〇二年/張芸謀)などもこの系列の作品と言えるかもしれない。

で、思うに、前二者はあきらかに異文化接触が重要な要素を占めるストーリーで、日本人や韓国人の役者が中国にとっての「異文化」人を演じるところに意味を持つ作品。後二者は舞台を中国(らしき所)にしてオリエンタリズムを醸しだしはするものの、むしろ無国籍性を意図した作品といってよく、そこに登場する人々も生身というより記号化された象徴的人物の印象が強い。どちらにしても戦いは殺して勝つべきものとしてあり、反省や悩みも希薄で、流れるのは乾いた空気。ストーリー展開は巧みで、見て楽しめるが、終わってしまうと余韻などとは無縁の作品という感じだ。

そこで、この『墨攻』。中国の役者演じる父王に、韓国人の王子、香港から来た家臣や兵士たち。入り乱れる各地の役者たちが『PROMISE』のような無国籍社会ではなく、しっかり中国古代のひとつの物語を演じる。それはある意味で真の合作といえるし、吹き替えはそれを成立させるための必然的な要素であったのかもしれない。そして全体をジェイコブ・チャンらしい社会派ヒューマニズムが覆ってこの作品をいかにも香港らしいウェットな武侠映画にしあげているのだと思える。完成度の高い作品だ。

ただし、ひとつ疑問が残る。梁城の騎馬隊長として最初は颯爽と登場する主要人物のうち唯一の女性逸悦（范冰冰＝ファン・ビンビン）。役者としての彼女は騎馬のみならず、高い崖から水中に飛び込んだり（本人がやっているのかどうかは知らないが）、首まで水に漬かっての演技（寒い中十時間近くも水中にいたらしい）とか、大奮闘だが、役柄としては苦労のわりに報われないというか、男を助けたいと思いながら、男に助けられ、男の助けを待ち、結局助からないというなんだか割りの合わない人生を送る女性で、心情表現も控えめ。革離の孤独をさらに際立たせるための設定かとも思うが、それにしてもなあ……。

ジェイコブ・チャンはかなり間口の広い人で、さまざまなジャンルの映画を作っているが、男女の関係を描く純粋な恋愛映画というようなものより、ストーリーでも役者でも男性中心の映画、女性中心の映画とはっきり分けて作る傾向があるようだ。『籠民』（九二年）『流星』（九九年）などは男性中心映画だが、これらでは女性の主要人物はほとんど出てこないか、出てきてもあまり共感を誘うようには描かれない。一方で女性の人生を描いた名作『黄昏のかなたに』（八九年）はもとより、『女ともだち』（九七年）『夜間飛行』（〇一年）のように複数の女性の共感や友情を描いて見ごたえのある映画もあるが、これらの映画の中の男性も多くはなぜか彼女たちの苦しみの源になる存在で、魅力的には描かれない。女性たちが男性に立ち向かうというより、苦しめられ苦しみつつ女性どうしの円環の中に共感を求めるというのも、そういえば共通している。まさか彼は男女がともに愛し合い助け合い、ともに生きるような人生を信じていないわけではないのだろうが……香港映画には戦う女性もけっこう登場するし、それが「らしさ」でもあって魅力的なのである。せっかく原作にない女性を登場させた「男性」映画『墨攻』でこそ、香港の女性ファイターの伝統を生かした生き生きした女性を見、さらなる香港映画らしさを味わいたかった、というのは贅沢な望みだろうか。

（二〇〇七・五　No.30）

# 昨今の映画に見る「男たちの戦い」

## 『東邪西毒 終極版』

二〇〇八年秋に公開された『レッドクリフ』（ジョン・ウー）に続いて、〇九年前半期の日本公開作品には「男たちの戦い」を描いたものが多かった。『戦場のレクイエム』（〇七年／馮小剛）、『三国志』（〇八年／ダニエル・リー）、『レッド・クリフ PartⅡ』（〇九年／ジョン・ウー）、『ウォーロード・男たちの誓い』（〇七年／ピーター・チャン）、『新宿インシデント』（〇九年／爾冬陞）等々、いずれも著名な監督の作品だ。

『戦場のレクイエム』は国共内戦、『三国志』『レッドクリフ』は三国時代、『ウォーロード』は清朝末の太平天国の乱と、それぞれ違った戦いを題材としているし、『新宿インシデント』は九〇年代の歌舞伎町を舞台にした、いわゆる「ヤクザ映画」だが、それらに共通するのは、突出したヒーローが大立ち回りをし勝ち抜いていくというような戦いではなく、兵士たちが部品として戦争の中で総当りし、あたかも消耗品のように倒れて屍を築く、いわば組織的な戦いの姿を描いていることである。

もちろん単なる部品としての兵士だけでは話にならないから、そこでは何人かの中心的な人物が友情を結び、義のために戦いを是としドラマをなす。歌舞伎町での中国人たちの、日本のヤクザに対する抵抗的な戦いであってもこれは同じで、『新宿インシデント』主演のジャッキー・チェン（成龍）も、ここではいつものように超人的な拳さばきを見せたり、高層ビルから滑り降りたりなどというヒーロー演技は見せない。ちょっと頭が切れて、友情に厚い、しかし法の目をかいくぐることも辞さないというような「ちょいワルオヤジ」で、不法入国した中国人の仲間たちと、地元の勢力に抗して生活を築くために戦うのである。さらにいえば、これらの多くの作品は戦いに勝つこと自体を目的として描かない。むしろその戦いの中での友情や、行き違いとか裏切りなどに焦点が当てられストーリーが盛り上げられていく。

で、こういう映画の戦闘シーンというのは一言でいえば「残虐」になってしまうものらしい。『戦場のレクイエム』の戦闘場面は韓国映画『ブラザー・フッド』（〇四年／カン・ジェギ）のスタッフが指導したとのことだが、この映画、私はあまりの迫力に気分が悪くなって中座した記憶がある。『レクイエム』のほうも光の使い方、人の動き方とか、泥水まみれの全体の雰囲気とか、撃たれて内臓をはみ出させて死んでいく兵士とか、ホンモノの戦争もさもこうであろうと感じさせるリアルさだ。もっともこの映画、部隊の全滅シーンとか、地雷があわや爆発というような緊迫した場面を省略して、さっと数年後というふうに展開してしまうのも特徴的で、え？とは思うが、これは残虐な戦闘シーンとのメリハリを考えた作者の話法か。

刀の戦いでも腕が飛ぶ、足が飛ぶなどという場面がとても多い。『インシデント』の立ち回りでも二度も腕切断場面があり、しかもその後に治療で苦しむ場面まであって少々辟易。大がかりな火事の場面などもそうだが、これは多分CGなど撮影技術の進歩によって表現できることが増えた、ということでもあるのだろう。

いわゆるヒーロー対悪漢（敵）というような戦いだと、ヒーローにはあまり残虐な行為をさせないということになるのか、それほどリアルな残酷な殺し方は出てこないように思う。一人一人の顔の比率の少ない群衆の戦闘場面ほど、つまり最近の、組織戦を描くような映画であればあるほど、戦いはより刺激的なシーンを含み残虐になるようだ。そして、どうも作家たちはこぞってこのような戦闘シーンを撮りたがっているという気がする。大勢の人間を動かし、手をもぎ足をもぎ、非現実を現実らしく映し出すというのは映画というような「世界」を作る作者にとっては魅力的なのに違いない。

これらの作品は男たちを主人公に、男性監督が撮ったいわば「男の映画」で、女性もほとんど主要人物としては描かれない。『ウォーロード』と『インシデント』のヒロインはともに徐静蕾（シュー・ジンレイ）が演じているが、将軍と匪賊の頭の間にいる女、中国から来てやくざの若親分の妻になる女と、それぞれ難しい役柄なのに、そのわりに見せ場もなく、抑圧された人物像でなんだか気の毒に思えてしまう。『三国志』の曹操の娘役マギーQはなかなか格好いいが、出番は宣伝の割りにはほんのちょっとで、やはり添え物の感は免れ得ない。唯一？例外は『レッドクリフⅡ』で、兄孫権を尻目にスパイ活動にいそしむお姫様（ヴィッキー・チャオ＝趙薇）とか夫周喩より大胆に敵陣に乗り込む妻（林志玲＝リン・チーリン）とかを描いて女性観客にもなかなかに気を使っている感じ。とはいえ、いずれにせよこれらの映画の残虐な戦争場面はやはり「男の興味」であり「男の仕事」であるのは確かだ。

さて、そんなところに現れた一本、今まであげてきた映画と目指すところは違うことを承知であえて言えば、武闘場面を極度に排した武侠映画ということになる。

**★東邪西毒　終極版／〇八年香港／監督＝王家衛（ウォン・カーウァイ）**

十二世紀の中国・モンゴルを舞台にした金庸の小説『射鵰英雄伝』の登場人物の若き日を描く。九四年の公開当時、他の王家衛映画と同じく、その芸術性が海外で高く評価された反面、香港ではアクションシーンが少ないということで不評だったとか。日本では当時『楽園の瑕』の名で公開されたこの映画を、監督自身があらたに編集したのが『終極版』だ。

砂漠で殺しの仲介業を営む西毒のもとにやってくる依頼人、あるいは殺しを請け負う剣士の姿を通して彼らの失われた愛への渇望や後悔を描くという大筋は九四年版と変わるところがないが、もともと美しかった場面にデジタル処理を施してさらに目を見張るような美しい色合いを醸し出し、『驚蟄』『立春』『白露』などと季節を表すチャプターに区切って演劇の幕のように流れをすっきりさせた。そして冒頭十分近くあった西毒や東邪のアクションシーンをばっさり切って、立ち回りはトニー・レオン（梁朝偉）扮する盲目の剣士と、ジャッキー・チュン（張學友）の北丐のものを、前者はスローモーションで優雅な舞のように、後者はストップモーションの連続にしてスピード感で迫って際立たせたことなど、多分に様式化された絵画のような、舞踏のような世界を作り出している。それでもトニーの首からは血が噴き出し、北丐の指が飛ぶのだけれど、これも優雅な全体の中では効果的なショックというところ。

どう考えても武侠の世界ではなく、まして「男の戦争映画」でもなく、このアクションで描かれるのはむしろ武闘や復讐の空疎さだが、「男たちの戦い」が大流行の昨今に、あえてこういう編集をしなおした王家衛、さすが！だ。さらになぜか最後にちらりと長髪のレスリー・チャン（張國榮）＝西毒の、相手不明の美しい立ち回りが現れるにいたり、武闘の美とむなしさはさらなる恍惚のきわみへと駆け上っていくのである。

（二〇〇九・八　No.39）

# 映画にとって国際化・ハイブリッドとは——「行きて帰らぬ」物語

## 『パリより愛をこめて』『冷たい雨に撃て、約束の銃弾を』『トロッコ』

**★パリより愛をこめて／仏二〇一〇年／監督＝ピエール・モレル**

リュック・ベッソン原案、パリを舞台にフランス人がハリウッドの俳優たちを主演に撮った大活劇。ハイブリッドな映画、混成雑種性が活劇の迫力を生んでいる（朝日新聞二〇一〇・六・一五）と好評だ。確かにスピーディな話の展開、アメリカから来た型破りなＣＩＡ捜査官と大使館員にして気弱な見習い諜報部員リースの掛合いの妙、あっと驚かされるテロ犯の正体、そしてリースの苦悩と、まさに息つく間もなく引き込まれる。しかし、ふと思うのは「これって、ホントにハイブリッド？」。

彼らが、テロ組織の金づるだとして麻薬密売の摘発に乗り込むのは中国人が経営する中国料理店。テロ組織の黒幕は、あきらかに中東人の風貌・スタイル。パリを訪れるアメリカの政府要人の一行が狙われ、自爆テロをしかけるのは女性。二人のアメリカ人はパリの街に住みつくアジア人や女性に大量の銃弾を見舞い、パリを引っ掻き回して引き上げて行く。パリの風景は描かれても生身のフランス人は現れず、フランスは彼らにとって単なる背景でしかない。そしてアジア人やアラブ人は悪、それを制圧するアメリカ人は正義というハリウッド的なステレオタイプがあいかわらず幅を利かせている。

今や、映画はあたりまえのこととして国境を越えて製作されている。越境や混成は新しい視点を生み出すはずだが、実際にはそれはなかなか難しいことのようだ。だがハイブリッドというからには、混成されるそれぞれの要素は対等に、主体的に在ってほしいと思う。

さて、それでは中国語圏映画はどうか。本書第Ⅱ章でも紹介した『海角七号　君想う、国境の南』(〇八年/魏徳聖)の舞台、台湾最南端の海辺の町恒春は、藤井省三東大教授によれば、ネバーランド、死と再生の行われる神話的世界として描かれているという。街の端にある「西門」をヒロイン友子らの乗ったバスが通り抜けられないというシーンがあるが、この門を通ることがその世界への通過儀礼となっている。そうして入った恒春の街では台湾人、先住民、客家人、老若男女が混じったバンドが組まれる。日本人の友子もマネージャーとして加わって、混成社会の中で怒りや苛立ちながら次第に再生を果たし、同じ日本名を持つ台湾の老女小島友子と、恋人であった日本人教師の六十年ぶりの「和解」を導くことによって、「魔女」小島友子の呪いを解く、というわけだ。(*)

映画では、若い日本人友子もやがて、この混成社会の一員として生きていくだろうことが示唆される。つまり、友子は「行きて帰らない」。

異文化社会がネバーランドとして描かれること自体は新しい現象ではない。主人公はその世界にひょんなことから飛び込み冒険をする。ここでは異文化社会はあくまでも主人公の影響力を受ける客体的な存在であり、異文化があるがままに受け入れられることはない。ドラゴンは倒され、姫は幽閉から救われなくてはならず、主人公はその後、その世界を捨てて元の世界に戻る。いわゆる「行きて帰りし物語」である。しかし、帰ってしまう以上、異文化社会は切り捨てられ、混成も国際化も起こりようもない。だからハイブリッドにとって主人公が「行きて帰らぬ」ことは重要な意味を持つのだ。

## ★冷たい雨に撃て、約束の銃弾を／仏・香港〇九年／監督＝杜棋峯（ジョニー・トー）

香港やマカオなど中華圏に徹して作品を撮ってきたトー監督の初の「国際化」映画だ。

中国人と結婚しマカオに住む娘の一家が襲われ、家族が惨殺される。元殺し屋、今はフランス料理店を営む父は復讐のためにパリからマカオにやって来る。彼を助けるのは、トー組の常連、アンソニー・ウォン（黄秋生）、林家棟（ラム・カートン）、林雪（ラム・シュー）が演ずる三人組の殺し屋だ（考えてみれば、英国人の父を持つ黄秋生、天津から渡ってきた林雪を含むこの三人組も「混成」とも言える）。

殺し屋時代に頭に受けた銃創がもとで、記憶を失いつつあり、なぜ復讐をするのかさえ忘れてしまう頼りない主人公を助けて三人組は侠気を発揮、命さえかけ復讐を遂げる。美しい夜の森、広大なごみ処理場などで繰り広げられる銃撃戦の暗闇を駆ける光の美しさ。娘の残した食材で主人公がシェフの腕をふるう食卓、妻子づれでの殺し屋たちの夜のピクニック、主人公が匿われる海辺での大勢の子どもたちとの食卓。それに例によって品の悪い敵役を演じるサイモン・ヤム（任達華）。情緒味やユーモアもまぶして、トーのロマンがまさに全開する。

面白いことに、主人公がフランス人である、ということは物語の中ではほとんど意味を持たない。もちろん、ここにはフィルムノワールを愛し影響を受けたトー監督の夢はある。しかし、物語としてはジョニー・アリディ演じる主人公はアメリカ人であっても中国人であってもかまわない。あるのは私怨だけで、フランスから来ることの社会的意味も歴史的意味もない。さらに彼は中華圏で記憶を失い、復讐は遂げてもフランスに帰ることもなくマカオの海辺で、少々怪しげな英語を操り、ぎこちなく箸を持つ外国人として、ポルトガルの血が混じっているのかバタ臭い風貌をした子どもたちとともに暮らしていく。彼にとってもパリに住むこととマカオに住むことの境界はない。まさに混成の世界である。

## ★トロッコ／日本〇九年／監督＝川口浩史

日本の若い作家が、芥川龍之介を原作に、台湾で日本人・現地のキャスト・スタッフと作った映画。李屏賓（リー・ピンビン）のカメラが台湾の森の煙るような湿気と温度を美しく感じさせる。

台湾出身の夫を喪った妻（尾野真千子）が二人の小学生の息子とともに、遺灰を届けて夫の実家に滞在する。上の息子は、母にうとまれているとも感じていて始終不機嫌で、弟にも当たる。二人が初めて会った台湾人の祖父はさらに不機嫌そうな面持ちで、父の遺灰を杖で打ってから家に入ることを許す。親に先立つ子の不孝を責める習慣だという。

この祖父はかつて植民地の日本人として日本語を学び、兵役にもついた。日本に親愛感を抱きつつも、日本が台湾日本兵に報いなかったことへの不満や怒りも持っている。また長男が日本への留学・定住を選び、客死したことへのやりきれなさとともに、孫をつれて日本から来てくれた息子の妻への感謝や親愛の意識を持っている。植民地台湾に育ち、戦後は国民党の来台とともに価値観の一変した社会を生き、息子を親しい日本に奪われたこの老人が抱く思いは個人のものではあるがまさに混成されている。そこに飛び込んだ少年は「ぼくは日本人なの?中国人なの?」と問い、祖父は「それはお前が大人になったら決めればいい」と答える。

この印象的な問いかけと返答こそは、祖父が昔日本に続く道として憧れたという木材積み出し用のトロッコに乗り込み、森の奥深くにまで行くが幼い弟を抱えて帰り道に難渋する少年の、その経験を経た成長と日本への帰還という「行きて帰りし物語」の構造を超えて、越境し混成の中で生きるという生き方への視点をもたらし、映画に奥行きを与えている。この地に住む決意をするものの、祖父に促されて子連れで日本に帰る母も、将来の息子の選択（それがたとえ日本人であることを選ぶものだったとしても）とともに、両方の地を生きるのであろうことを予測させる。一家族という小さな世界ではあっても確実に国際化・ハイブリッドを描きえた佳作に心を洗われる。

（二〇一〇・八　No.43）

（＊）藤井省三（一二年）「台湾映画『海角七号』におけるメルヘンの論理――西川満の日本引き揚げ後第一作「青衣女鬼」との比較研究――（『中国21　台湾特集』Vol.36　135―136頁）

# 「敵」がいなければカンフー映画はおもしろくないが……──『葉問』の「反日」

## 『イップ・マン序章』

**★イップ・マン序章／香港〇八年／監督＝葉偉信（ウィルソン・イップ）**

「イップ・マン」とは中国に伝わる詠春拳（なんと優雅な名前の拳法だろう。もともとは女性の護身術から発展した拳法で、足技よりは手技や棒術などが中心なのだそうだ）の達人で、ブルース・リーの師でもあった葉問（一八九三〜一九七二）のこと。二〇一一年一月、『イップ・マン』は日本で公開されたが、実はこれはここで紹介する原題『葉問』の続編『葉問2』のほう。どちらも香港映画アクションの第一人者ドニー・イェン（甄子丹）が葉問を演じ、物語も『葉問』に続く次の時代が『葉問2』では描かれる。

二〇一〇年香港映画興行収入一位となり、東京国際映画祭への正式出品、早々に日本公開が決まった『イップ・マン（葉問2）』に対して、『葉問』のほうは『イップ・マン序章』として、もし『イップ・マン』が五千人以上の観客を動員したならば公開されるという「公開熱望キャンペーン」が行われ、無事に公開された。

『葉問』（「序章」のほう）も〇八年暮から〇九年にかけて香港・中国の公開では大ヒットし、〇九年春の香港映画祭最優秀作品賞を受賞している。『葉問2』と比べて劣るわけでは決してないのに、なんでこんな妙な公開のしかたになったのか？　実はこの『葉問』、今どき珍しいくらいのバリバリの「反日」映画だから、なのかもしれない。

物語のはじめ、拳法を修め一家を成した葉問は広東佛山の大邸宅に美しい妻と幼い息子と静かに暮らしている。三〇年代の洋館並ぶ佛山の賑わい、葉問の住むこれも洋館の邸宅が美しく描かれる。彼は地元の武術家・廖（リァオ）の挑戦を受けて、人に知られぬよう邸宅内で闘い相手を負かすが、のぞき見していた若者によって評判が高まり、おのずと敵も生まれることになる。北方の武術を掲げて佛山の武術家に殴り込みをかける金山という男は、詠春拳を女人創始の拳で、恐妻家の葉問にぴったりだとバカにするが、葉問は「妻を怖れるのでなく尊重するのだ」と言い、優雅な舞いのような身のこなしで無骨な金山を打ち負かす。「北方の拳が南方の拳に敗れた」と悔しがる金山に「北方・南方ではなく個人の問題だ」と答える、このあたりの葉問は立派なフェミニスト、そしてなかなかの「近代人」ぶりでなんとも格好良い。意外に小柄で強そうには見えない穏やかな風貌のドニー・イェンというのもなかなかいい。もっとも、妻を演じるモデル出身の熊黛林（ション・ダイリン）の長身、超スタイルの前では、どんな男性も霞んでしまいそうなのだが……。

ともかく、こうして武術家としても愛妻家としても彼の名はますます佛山にとどろく。しかし、一九三七年日中戦争が始まり、佛山を占領した日本軍は葉問の家を接収。彼は家産を失い、妻子とともに困窮生活を送らなければならなくなり、仕事を求め武術家仲間と工事作業に従事するようになる。

日本軍の三浦（池内博之）という武官は武術好きで、中国の武術自慢を集めては日本の兵隊たちと闘わせ、賞品の米袋目当てに参加する中国人を打ちのめす。葉問はこれには決して参加しようとしなかったが、かつての弟子が闘いを挑んで帰らず、また武術家・廖が三人の日本兵と闘い、負けたあげくに道場で撃ち殺されるのを見て、十人相手に闘いを挑み、打ち勝つ。三浦は葉問に目をつけ、日本軍の武術教官にしようとする。しかし、あくまでもこれを拒み、身を隠す葉問、追う日本軍というのが後半の流れとなる。

三浦は部下が銃を使い道場を血で汚すことを怒るぐらいの「良識」はあるが（いや、武術オタクゆえの狂気というべきか）、いくら日本優位の占領中とはいえ、道場をしつらえ、軍務そっちのけで兵隊たちを毎日そこで鍛え闘わせ、自らも率先して中国人と試合をして投げ飛ばすという歪な人物である。また、彼の部下、佐藤はすぐに銃を振り回し中国人を「処刑」したがる危険な男で、中国人から見た、いかにもステレオタイプな日本兵だ。この映画では日本軍はあくまでも歪で、単純な悪の集団として中国人を苦しめる。その日本軍の通訳として、日本人にへつらい、中国人には居丈高に対し、それでいながら葉問のために殴られても彼をかばおうとする面も持つ元警官を林家棟（ラム・カートン）がユーモラスさも交え好演している。「悪」とは言っても、彼は日本人のように単純な描き方はされない。

私はナショナリストというわけではないから、このように日本軍が描かれることを不愉快とも思わないが、かといって日本軍の横暴とその敗北に中国人とともに快哉をあげることもしにくい。こういうこともあったのだと受け入れて、日本人の一人として過去の侵略の反省の糧にするというにはあまりにリアルさに欠ける設定でもある。『葉問2』が観客動員五千人を突破し、『葉問』が『序章』として日本公開されるとき、日本人観客たちは多分、多少の居心地悪さとともにこの映画を見ることになるのだろう。居心地の悪さが日本の描き方への批判につながって反中国の感情を呼び起こさなければいいのだが、と思えてしまう、そういう映画だ。

ただ、やはりこのような肉体的な闘いを描く娯楽映画では、より極端な荒唐無稽な、理屈では抗いがたいような悪に対して捨て身で闘う主人公というのが圧倒的に面白いのも確か。

実在の中国武術家をモデルとした映画といえば、ジェット・リー（李連傑）が、清朝末期に生きた霍元甲を演じた『SPIRIT』（〇六年／ロニー・ユー）が思い起こされるが、ジェット・リーが自身の最後のカンフー映画にするという意気込みで、中国武術の精神を描くことを企画し熱演したこの映画、案外印象が薄いのは、中村獅童演ずる日本人武道家をはじめとして霍元甲と対決する列強の武道家たち誰もがフェアで、この映画の「悪」が初期の驕る霍元甲自身だったり、あくまで武道家とは一線を画する卑劣な陰謀であることにもよるのだと思われる。ちなみに毒殺されたとも言われる霍元甲の死をめぐるもう一本が、『ドラゴン怒りの鉄拳』（七一年／羅維＝ロー・ウェイ）。ブルース・リー（李小龍）が扮する霍元甲の弟子陳真の、師を殺害した日本人への復讐を描く。許しがたく非道な敵に対して、耐えて抑えたあげくに鉄拳を炸裂させるという活劇の「面白さ」は今更言うまでもない。

この映画でも敵はやはり日本人である。中国人が「敵」を見据えて映画を作るとき、日本人や日本軍が出てくるのは、歴史の遺産、中国人の共通した自然な心象なのだと、そのことを覚悟して、いたずらに中国を憎まず見るしかないということだろうか。

葉問は「国民的英雄」らしく、一種のブームを巻き起こし、すでに『葉問前傳』（一〇年／ハーマン・ヤウ）で修行時代の彼が描かれ、公開されている。主演はデニス・トー（杜宇航）という若手。実在の葉問の息子葉準も出演している。これこそ「序章」である。そしてこの映画の「敵」もやはり日本人だ。また、王家衛もトニー・レオン（梁朝偉）主演で『一代宗師』という葉問の映画を作っているとのこと（こちらは一三年『グランド・マスター』としてようやく日本でも公開された。本書Ⅱ章で紹介している）。さらに、アンソニー・ウォン（黄秋生）主演の『イップ・マン最終章』（一三年／ハーマン・ヤウ）も……。日本で言えばブームの坂本龍馬というところか。佐々木小次郎を相手にしている宮本武蔵や、古流柔術との対決をしている姿三四郎ではスケールが小さいが、龍馬だって「敵」というわけではないにしろ黒船を見て外国への視野を持ったればこそ面白いのである。

（二〇一一・二　No.45）

# 暑い夏には熱い香港大映画祭！

## ――とはいうものの気になる「男女棲み分け」

## 『強奪のトライアングル』『盗聴犯　死のインサイダー取引』

## 『コンシェンス裏切りの炎』『やがて哀しき復讐者』『盗聴犯　狙われたブローカー』

なんとも暑かった二〇一二年夏、熱暑の巷を逃れて駆け込めば快適なのは映画館、というわけで、二箇所で上映中だった香港映画特集をハシゴすることに。他館の上映も含め全部で七本の香港（中国）映画を見た。いずれ劣らぬ熱い作品でおおいに楽しんだのだが……。

**★強奪のトライアングル／香港〇七年／監督＝徐克・林嶺東・杜琪峰**

ツイ・ハーク（徐克）が盟友のリンゴ・ラム（林嶺東）・ジョニー・トー（杜琪峰）に呼びかけ、三人で三〇分ずつリレー式に引き継いで作ったというこの作品は、登場人物もサイモン・ヤム（任達華）、ルイス・クー（古天楽）、それに終始ひとり北京語でしゃべる孫紅蕾（スン・ホンレイ）が演じる三人の男たち。ひょんなことから得た情報で、古代の財宝を手に入れた彼らが、それを巡って騙し合い、事件に巻き込まれていく。

一続きの物語ではあるが展開は三者三様で、ミステリアスに複雑な物語を始めるツイ・ハーク、カー・

チェイス、暴力全開のリンゴ・ラム、そして最後は真っ暗闇、ワニの浮かぶ水辺での混乱と美の銃撃戦のジョニー・トーと、その映画作りの個性を楽しめる、いや楽しむべき映画。前半と後半で登場人物の性格が変わってしまう、とか中盤瀕死の登場人物が終盤ではたちまち元気になって走り回るとか、前半で張られたはずの伏線の行方は？とか、野暮なことを考えて見てはならない。登場人物も、演じる役者も、監督もまさに固く結ばれた『鐵三角』（原題「てつさんかく」）という映画なのだから。

### ★盗聴犯　死のインサイダー取引／香港〇九年／監督＝麥兆輝（アラン・マック）

子沢山のうえ、自分もガンに冒され苦境に陥った刑事（ルイス・クー＝古天楽、子育てシーンが面白い）と逆玉で舅にバカにされっぱなしの刑事（ダニエル・ウー＝呉彦祖）が捜査中に知った情報からインサイダー取引に手を染め、彼らを止めようとしながら引きずり込まれる刑事（劉青雲＝ラウ・チンワン）も同僚の妻と不倫中（何も知らない同僚に頼まれて不倫相手をあぶりだす盗撮カメラを同僚の自宅に仕掛けるところのナサケナサ……）ということで、大損したり儲けたりしながらずるずると悲劇的展開に巻き込まれていくという話。こう書くと重そうな内容だが、語り口は軽くてスピーディ。でもなんとなく違和感というか異物感が残るのは……女性もかかわる悩みの中で男たちが男だけのサークルを作って疾走してしまっているからか。

### ★コンシェンス裏切りの炎／香港一〇年／監督＝林超賢（ダンテ・ラム）

珍しく髭ヅラ、薄汚いレオン・ライ（黎明）扮する警部マンと、悪につながる裏の顔を持つ警部ケイ（リッチー・レン＝任賢齊）の男二人の物語。登場人物は複雑にからみ、事件はそれぞれつながっているとはいえ幾つも起こり、人々は無残に死ぬ。波乱の展開だが、盛り沢山すぎる印象も。また、謎めいた描き方はされているがケイが悪だということがほとんど最初から観客にはわかるので、ハラハラドキドキ度は今ひとつ。ただし映像の迫力はなかなかで、終盤、香港伝統という火龍舞（火を持って踊る夜祭）と、その中で起こる倉庫火災の燃え盛る炎の場面は圧巻だ。

ケイの婚約者役がビビアン・スー（徐若瑄）でこの映画のヒロイン。彼女は黒社会につながる女性という設定なのだが、本人は可愛い女性、出演場面も少なく、さしたる働きをするわけでもない。妻を亡くしたばかりのマンの側には有能な部下メイ（ミッシェル・イエ＝葉璇）がいるが、典型的な刑事連の紅一点で、上司マンの洗濯までする従順さが強調される。スリに襲われ命を落とすマンの臨月の妻、誘拐された女性の倉庫での出産シーンと、迫力があるだけに描き方への疑問を感じさせられる場面もあり、女性が単に素材として客体化されているのを感じる。

## ★やがて哀しき復讐者／香港一一年／監督＝羅永昌（ロー・ウィンチョン）

不動産会社社長（アンソニー・ウォン＝黄秋生）の娘が誘拐され、殺されて身代金も奪われてしまった。日ごろから娘の素行に手を焼いていた社長は、娘自身による狂言ではないかと疑い警察にも届けなかったのだ。復讐を誓った社長は部下の用心棒（リッチー・レン＝任賢齊）に探索と報復を命じる。強引に地上げまがいの事業を進め地域で睨まれている社長と、一見スマートだが驚異的な探索能力と有無を言わせず相手を叩き潰すありさまが相当な「ワル」を感じさせる部下。描かれるのはここでも他の介在を許さない二人のサークルだ。やがて実行犯をあぶりだした部下は残虐に相手を痛めつけるが、ここで意外な裏切り者の存在を知る……。

彼らのサークルの外縁にいるのは社長の後妻（娘の継母）、秘書の女性、それに二人それぞれの息子たちだが、まだ少年である息子たちはともかく、女たちもこの復讐にかかわることを許されず、かかわりたいというふうにも描かれず、日常の仕事や暮しを続ける。最後に発覚する意外な事実は、そんな男たちのサークルへの女性側からの復讐だったと見ることもできそうだ。もっともその代償はあまりに大きく「哀しい」ものではあるのだが。

**★盗聴犯　狙われたブローカー／香港一一年／監督＝麥兆輝（アラン・マック）**

原題は『竊聽風雲2』、1にあたる『死のインサイダー取引』と、主演の三人こそ同じだが、設定も内容もまったく違う話。私がこちらのほうが面白いと思ったのは、男たちが比較的、結束したサークルとしては描かれていないから、ということかもしれない。

謎の組織「地主会」（こちらはまさに男たちのサークル）とつながる株ブローカーのロウ（劉青雲）、それを狙って盗聴を続けるジョー（ダニエル・ウー）、彼らを追う刑事ホー（ルイス・クー）の三つ巴の争い。認知症の母を介護しながら超人的な盗聴内偵を続けるジョーの格好良さと悲劇的な死。死後に、介護に利用するGPS&盗聴システムを使って悪の黒幕を告発するという展開の妙に溜飲が下がる。ジョーの母のいるホームを舞台とする、ちょっとウェットト、ジワッと笑わせるような幕切れもいかにも香港映画らしい。

以上五本のいわゆる香港ノワールの製作年度は〇七年から一一年まで、五年にわたっている。なかなか日本公開にたどり着けない香港映画状況を表しているようだ。そのうえ、五本どれをとっても二人ないしは三人の男たちが結束し、あるいは反発しあいながらもある種のつながりを作って事件に立ち向かうという内容であるのがいささかうんざりという感じもする。一匹狼とか、あるいはバリバリに格好いい女探偵とか、できれば紅一点ではなく、女も男も入り乱れサークルに結束して事件解決、みたいな映画を見たいものだ。

いっぽうで、実は今回見た残り二本、『画皮　あやかしの恋』（〇八年／ゴードン・チャン）、『白蛇伝説ホワイトスネーク』（一一年／程小東＝チン・シウトン）など、いわゆる古装片（時代劇）の妖怪映画はなんといっても女性の世界で、妖怪を演じる女性はもちろん、かかわる女性たちも生き生きと美しく、逆に男たちはいささか情けない。『白蛇伝説』主演で妖怪を封じ込めるジェット・リー（李連傑）にしてからが、マジメに演ずれば演ずるほど、美しい妖怪を狭量にもいじめるイジワル和尚としか見えないのがおかしい。妖怪＝女性というのは中国の伝統？だからかもしれない。ともあれ今夏日本公開作品においては、ここまではっきりした男女棲み分けが行われていた、そのことに今更ながら驚いてしまったのである。

（二〇一二・一一　No.52）

# ジョニー・トーの驚きの「神の眼」

## 『奪命金』

『ジョニー・トー 香港ノワールを生きて』（仏・香港一〇年／イブ・モンマユー）というドキュメンタリーを見る。新宿、大雨の夜九時、東京も外れの住人としてはいささか気の重い天気と開始時間だったが、月初めの「映画の日」、約八〇人規模の小劇場とはいえ、座席は半分以上埋まり、しかも女性が圧倒的に多い。さすがのジョニー・トー映画の人気？ ほぼ満席に近い後部座席で、同好の人々の間にある幸せを感じる。

フランスの映像作家イブ・モンマユーが八年にわたってジョニー・トー（杜棋峯）監督に取材したというこの映画は、終始、葉巻をくわえ続けるトー監督へのインタビューと、その合間に彼の数々の作品のシーンやその撮影風景を並べ、リッチー・レン（任賢齊）、サイモン・ヤム（任達華）ら出演俳優や、スタッフがジョニー・トーを語る。ドキュメンタリー映画自体の構成や迫力という点では、特に際立ったところはない作品にも思えたが、彼の映画作りへの姿勢を知るという点では、なかなかに興味深かった。

香港六百万人のうち三十万人を占めるという三合会（香港を拠点とする犯罪組織のネットワーク）の会員は幼いころから彼の周辺にも大勢いたという。その人々の中で育ったトー監督は、彼らの生き方に理解やある種の共感を持ち、映画でそういう世界を描いてきたわけだが、「自分は会員ではない」と一線を画すことも忘れない。

ギャング映画はさまざまな感情の宝庫であり、生と死、忠誠、ヒロイズムなどの要素を描くことができる。

それゆえギャング映画が好きだと語る彼にとって、ギャングの世界は、その感情をも含め、登場人物を自由に動かせる一種のジオラマのような世界なのではないかと思える。ジオラマの中では意外な事件が起こり、意外な人物が犯人であるということはあっても、ある人物の複雑な裏表や、隠された過去、衝動的な犯罪などは描きにくいのではないだろうか。つまりきわめて論理的な話の運びで、論理的な行動をする人物が描かれ、「悪」は、懲罰を受けるかどうかはともかく、基本的に否定される。よく言われるスタイリッシュな画面構成や印象的な音楽を武器としながら、あたかも「神」のように人間界を俯瞰し、事件を設定し、人々の感情や行動を動かす「正義」を監督自ら楽しんでいるような気がする。

**★奪命金／香港一一年／監督＝杜琪峯（ジョニー・トー）**

金融危機に見舞われた香港で、大金をめぐる三人の登場人物の三様の行動が計算された構成で描かれる、まさにジョニー・トーの「神の眼」を感じさせられる映画と言えるだろう。

最初は香港のごみごみした市街の遠景。そこにある、安アパートに区切られた雑居ビルの中で傷害事件が起きる。駆けつける警察官チョン（リッチー・レン）。捜査中に電話が鳴り、売り出し中の高層マンションを下見中の妻が彼を呼び出す。古く汚い雑居ビルと、四方に海も山も見える豪華なマンションが、あたかも香港の両極を切り取ったかのような対比を見せる。チョン自身は今、そのどちらにも属してはいないが、富裕の高みに向って手を伸ばそうとする妻と、底辺に縛られ罪を犯す人々との間、どっちつかずの位置にいて、その位置を示すかのような曖昧な態度で妻を苛立たせる。

チョンの妻は、はっきりしない夫に苛立ち、手付けを打つための融資の相談に銀行に行く。次の主人公は彼女の相談を受ける営業担当の女性行員テレサ（デニス・ホー＝何韻詩）だ。個室で顧客の資産相談に乗ったり、電話で営業をする彼女は、いわば金融に関する専門職と言ってよいが、実は、金融商品販売成績が部内最下位で苦しんでいる。人の金を動かしながら、実は自身のクビさえ危ういという、彼女もいわば宙ぶらりんの位置にいる。そして、にこやかな表情で安心を与えながら、堅実な貯蓄を続けてきた顧客にハイリスクな投資信託を勧めるのだ。

だが、折りしもギリシャ債務危機で、金融資産は突然に下落する。高利貸しを営む顧客ユンが来て一千万ドルの預金を引き出す。この金は客に貸すはずだったが、客が五百万ドル分の担保しか用意できないと電話をかけてきたために、ユンは五百万を戻してくれとテレサに預け、入金伝票も書かずに急いで去る。携帯電話を忘れたユンをあわてて追いかけたテレサが地下駐車場で見たのは車中で頭から血を流して倒れているユンだった。

数日遡り、律儀で気がいいヤクザのパウ（劉青雲＝ラウ・チンワン）。逮捕された兄貴分の保釈金を作るために奔走する彼は同郷の成功者ロンを頼る。快く引き受けたロンだったが、ギリシャ債務危機による株の暴落に焦り、口座を不正操作しようとして失敗、大陸マフィアから預かっていた大金を失ってしまう。ロンは高利貸しのユンから借金しようとするが担保不足で借りられず、パウを使ってユンを襲わせ金を奪おうと考える。パウは駐車場のユンの車に潜んで彼を待ち伏せるが……戻ってきたユンはパウの目の前で何者かに襲われ、相手を倒したものの相討ちになり自身も倒れてしまう。ユンが持って戻った五百万ドル入りの鞄がパウの手に残される、というわけでこの駐車場がパウとテレサ、そして捜査に駆けつけるチャンの交点になるわけだ。テレサとパウがそれぞれ思いもかけず手に入れた五百万ドルが二人の人生を変えて行く。

パウのパートは主役のトップ、劉青雲が演じていて、また映画そのものがこのパートから企画されたとも聞く。そのためか、パウの人柄や感情の描写は比較的丁寧だし、映画的な物語もあるが、他のパートの主人公たちはただ警察官として、銀行員としてほとんど名前もいらないくらい、性格や生活を感じさせない記号のような描き方をされる。警察官のパートでは父が病に倒れ、その父に隠し子として幼い娘がいたというドラマティックな事情があきらかになるが、これも物語の展開や警察官の心理に影響を与えるわけではなく、淡々と映画の流れに吸収されていってしまう。この映画で警察官を動かすのは単に目の前で起きる事件への対処だけであり、銀行員も営業成績不振ということだけを根拠に目の前の大金によって動くというふうに描かれている。しかも三人は銀行の地下駐車場で交錯しても会話を交わすことさえなく、違った道を進んで行き、彼らが知り合うこともない。

ヤクザと警察官が登場するにもかかわらず、一発の銃弾が飛ぶわけではない。殺人事件は起きるが、主要な登場人物は犯人になるわけでもなく、犯人を突き止めるわけでもない。いわば彼らの外で事件は起こり、警察官が解決するのも本筋とはあまり関係がない人々が起こす小さな事件だけという、アクション映画としては特異な作品だ。

彼が描こうとしたのは、金融に翻弄される社会、その中で追い詰められる、個ではなく、集合体としての人間なのだろう。作者の目は登場人物を等距離から俯瞰し、観客の感情移入を拒む。しかし、そこには貧富格差の苦しみや大陸との関係、コミュニケーションの不全など、香港社会の問題もあぶり出されるしくみで、私たちは、ジョニー・トーの「神の眼」の確かさに驚かされるのだ。

（二〇一三・五　No.54）

# V

# 若者たち

# 映画の秋に三つの「夢」を見た――監督の夢・帰るべき街の夢・人々の夢

## 『エグザイル　絆』『イザベラ』『生きていく日々』

映画といえば、そのものがそもそも「夢」なのかもしれない。秋・映画祭の季節はその意味では私たちの前にさまざまな「夢」が並べられる夢の季節ということになる。二〇〇八年秋から初冬に公開された、それぞれ毛色はまったく違うが、とびきりの「夢」を三つ紹介しよう。

**★エグザイル　絆／香港・中国〇六年／監督＝杜琪峯（ジョニー・トー）**

マカオのなかなか瀟洒なたたずまいの住宅街の一角に二人の男が現れ、一軒の扉を叩き、乳呑児と留守を守る妻（ジョシー・ホー＝何超儀）に主の不在を確かめて門前に佇む。そこに現れる別の二人。前の二人も後の二人もそして不在の主ウー（ニック・チョン＝張家輝）も元は仲間で、ウーが殺し損なったボス（サイモン・ヤム＝任達華）の命令で片方は彼を殺しに、他方は助けるために来たのだという。二階から不安げに見下ろす妻。やがて帰ってくるウー。両者のそれぞれ兄貴分（アンソニー・ウォン＝黄秋生、フランシス・ン＝呉鎮宇）を招き入れ、とたんに激しい撃ち合いが始まる！

しかし妻の「ミルクの時間よ」の声に撃ち合いは収束し、壊れた家具を直し料理を作り、彼らは和気藹々と卓を囲む。そして食後の記念写真撮影。その後五人の男たちは殺し合いをやめて、ウーを助けボスに対抗するためにマカオの若い顔役を殺す仕事を引き受け、ボスとも対立していくことになる。

なんと、荒唐無稽など言うなかれ。マカオの顔役殺しの現場にボスも現れ撃ち合いとなる。仲間をかばったウーが撃たれ、一方のボスも股間を撃たれ、両者はともに闇医者にかつぎ込まれるが、そこでまたまた銃撃戦。そしてウーは「家に帰る」という言葉を最後に息絶える。ウーの妻は遺体を連れ帰った仲間に発砲し、遺体の回りに解体した家具を積み上げて火を放つ。住宅街での撃ち合いにも火事にも警察も消防さえも現れないのはなぜと言うなかれ。撃ち合いが始まると周辺の人々がいつの間にかいなくなるのはなぜときくなかれ。

ウーの妻は去った夫の仲間への復讐のために、皆で撮った記念写真を手に彼らを探しにでかける。三日前に撮った記念写真はどさくさの中でどのように現像され妻の手元に届いたのか（デジタルカメラでもないし、PCがある様子もないのに）と細部にこだわれば疑問、疑問、疑問のリアリティのなさだが、これは夢の世界の話なのである。

時は一九九九年十二月、マカオ返還直前。マカオは返還されても帰るところを持たない男たちが行き場をもとめて彷徨う三日間の「夢」を描き、その中での束の間のじゃれ合いのような結束とそのはかなさをきわめてスタイリシュに描く。コイン投げによって行く先を決めた男たちは偶然にも金塊輸送車とそれを襲う強奪者に遭遇、またまた銃撃戦に参加して一人生き残る輸送車の護送軍曹ともども大量の金塊の横取りに成功する。これもまた夢。奪った金塊を持って帰る場所を彼らは持たない。世界遺産にもなった美しいマカオの街にも帰る場所は、実はないということだろう。夢は必ず覚めるのである。三日後返還当日の退職を待ちながら決して手出しをせずに彼らを監視し続ける刑事が出てくるが、これこそが見つめる監督の目という気もする。二〇〇七年東京フィルメックスでは『放・逐』（邦題よりぴったり来る……）の原題で上映された。

**★イザベラ／香港〇六年／監督＝彭浩翔（パン・ホーチョン）**

もう一本、二〇〇六年春公開時、中国旅行中の後を追うかのようにその地域の公開日が決まっていて、接近はするもののとうとう見られずじまいの、私にとっては幻だった映画が〇八年になって、ようやく日本でも一般公開された。『絆』と同じくマカオの九九年返還前の半年を舞台に、収賄容疑で停職になっている警官と彼の娘と称する少女の関わりを描く。

内容的にはベタベタメロドラマとさえ言えるが、主演のチャップマン・トー（杜汶澤）のころころして腹の出た、二枚目とは言いにくい風貌にふとよぎる涼やかさ、美少女イザベラ・リョン（梁洛施）の生意気さ、行儀の悪さと美しさ、『絆』とはうって変わって薄汚く寂れたマカオの街を美しいアングルでとらえたカメラワーク、脚本の絶妙な作り、台詞の妙。変幻自在な音楽などが、夢にリアル観をもたらし、非現実を身近に感じさせる。

返還前にはびこる汚職を一掃しようとしたマカオ警察に汚職の罪ゆえに追われることになった主人公は、いったんはタイに逃げようとするが、「娘」のために服役を決意する。それは彼が帰るべき国として中国を定めたということで、ここにあるのは観客であるマカオ人の夢なのかなとも思える。格好良すぎずでも格好良く、切なくて、大好きな映画だ。

**★生きていく日々／香港〇七年／監督＝許鞍華（アン・ホイ）**

これこそ「夢」のような映画。原題は『天水圍的日與夜（天水圍の昼と夜）』。香港郊外の天水圍という街で暮らす母と息子の生活を描く。この街は低所得者用住宅地域で、失業者、生活保護受給者が多く、自殺者も急増しているとか。

母（鮑起静＝パウ・ヘイチン）はそんな街の大きなスーパーの青果部で元気に働くが、決して経済的に恵まれているわけではないし将来が安定しているわけでもない。しかし貧しい中でも懸命に働いて生活を支え、さりげなく隣人を助け、また支え合って生きていく姿がくっきりと描かれる。自らも初老に達したアン・ホイの腕の確かさ。

母もだが、なんといってもこの映画の魅力を高めているのは高校生の息子（ジュノ・レオン＝梁進龍）だ。映画の初め、彼は昼間も眠りこけ、テレビを見てまた眠りというような生活で、これはニート少年と悩む母の話かな、と思わせる。しかし、母の唯一の楽しみである新聞を買いに行き、たまに掃除をしたり、母よりも几帳面に洗濯物を畳んだり、母に代わって祖母を見舞い、母に命じられ、親しくなった近所の一人暮らしの老婦人のためにテレビを運び、ついでに切れていた台所の電球を交換してあげたり、また友人との遊びを断って彼女たちとの中秋の宴を盛り上げる。母に何かを言いつけられると「哦（オ）」と一言答えて、淡々と動き、それを当たり前のこととして、母の心の支えともなっている。そんなふうにして彼は大学入試の結果を待ちながら子供時代最後の夏休みを彼なりのやりかたで楽しんでいるのである。彼のまっとうさ、動じない自律性はまぶしいほどで、こんな息子がいたらどんなに幸せかと思ってしまう。

この母には、昔紡績工場で働いて学校を出した弟がいて、今は子供を留学させたりして豊かに暮らしている。この弟一家を羨んだりもせず自然体で付き合い、格差も自然に受け入れて、大学受験に失敗したら働くと、当たり前のように言う親子である。その息子に向かって叔父は、もし大学を落ちたら自分が留学させてやると言う。叔父さんもいい人だ。しかし「大学に受かったら相談室を手伝って」というスクール・カウンセラーの要請にも、最後のほうで息子がちゃんと応えていることから大学受験も成功したらしい。

というわけで、悪人は一人も出てこないし、大きな事件といえば祖母の入院とか、老婦人に頼まれ、彼女が亡くした娘の元夫を訪ね、慇懃無礼にあしらわれる場面くらいなのだが、不思議に最後まで目が離せない。どんなに貧しい暮らしの中でも人はまっとうに優しく生きられるし、報われるはずだという希望が、なかなかそれが実現し得ない現実の厳しさを越えて、私たちの前に映画ならではの夢の世界を提示してくれる珠玉の一本だ。

（二〇〇九・二　No.37）

## 「春風沈酔の夜」にみる王家衛または張國榮の影
### 『スプリング・フィーバー』『永遠の天』

二〇〇九年晩秋の東京フィルメックスにロウ・イエ監督の新作が出品され、監督自身も審査員として来日した。『天安門、恋人たち』(〇六年、第Ⅱ章で紹介)で五年間の活動禁止になった監督だが、彼自身の言葉を借りれば「必死に」撮り続け、五年といわず見せてくれた新しい作品で、うれしい。

**★スプリング・フィーバー/中国・仏〇九年/監督=婁燁(ロウ・イエ)**

男性どうしの恋愛関係を軸に五人の男女の春から夏を描く。上映後のQ&Aで監督自身は自然な恋人たちを自然に撮っただけで、あえてゲイを題材にしようとしたわけではないと語っていたが、中国で上映が許可されるはずもないこのような題材を選んだこともだし、なかなか美形の男優たちがからみ合うハンディカメラの動的な映像、題名にもなっている一九二〇年代の作家郁達夫の小説『春風沈酔の夜』から繰り返し語られる死に傾斜する心情を表した一節、郁達夫も暮らした当時の首都・南京(つまり北京以前の首都だ)を舞台としたことなどにも、映画の自由を抑圧するものへの挑戦の気配が満ち満ちている。

主人公チャンは旅行社勤め。親譲りの財産でもあるのか、瀟洒なマンションに住み、なかなか豊かな暮らしぶり。車を駆って蓮の花咲く郊外の廃屋に行き、恋人と逢引する。瑞々しく霞む緑の道を手を取り合って歩く二人の跡をつける男は恋人ワンの妻が雇った探偵ルオ。夫の不倫相手が男と知って激怒したワンの妻に職場に乗り込まれ、嫌気がさしたチャンは仕事を辞めワンとの関係も絶ち、なんと、ルオと付き合いはじめる。絶望して自殺するワン。女性の恋人がいるのにチャンに惹かれていくルオ。ルオの恋人は広東人が経営する偽ブランド工場の工員で、社長に可愛がられ、また別の上司ともなんとなく危うい関係にあるようだ。この工場が警察の手入れを受け、拘束される社長に大金を預けられたときから彼女の行く手もまた波乱に満ちたものとなる。ルオとともにチャンのマンションに転がり込んだ彼女は、二人の道行きに同行することになり、その途上で二人の関係を知る……。

多くの男女が入り乱れ、複雑な展開だし、織り込まれるエピソードはアクシデンタルで、そちらにも目を奪われてしまうが、要は、あたかも惑星の中心にいる太陽のように、エゴイスティックで自らに忠実な主人公チャンと、彼を巡って振り回される人々を描いたというわけで、これはまさに王家衛の名作『欲望の翼』(九〇年)ではないか。そしてゲイを描いたという意味では、もちろん『ブエノスアイレス』(九七年)が想起されるわけでもある。実際に、若いときのレスリー・チャンを少し素朴にした雰囲気のルオ(陳思成＝チェン・スーチェン)が鏡に向かって髪をなでつけ、下着姿で踊るという『欲望の翼』を彷彿とさせる場面もあって、笑いをさそわれる。高速道路で車をとめてチャンとルオが別れる場面は『ブエノスアイレス』風。ちなみに主人公チャンはトニー・レオンではなく、むしろ同じ映画に出演した張震(チャン・チェン)似の秦昊(チン・ハオ)。そして主人公チャンではなくルオにレスリー風所作をさせたことなどにも、あえて意図的な「ズレ」をもってこれらの作品が意識されているようだ。

ただし『欲望の翼』にあった母を恋う心情や、脚のない鳥の飛翔をつづけるしかない悲しみはここにはないし、チャンにかかわる男女の退場のしかたも(これらの男女に対して)きわめて冷たく、チャンの乾いた孤独がより強調されて救いのない感じがする。『欲望の翼』ではレスリー＝ヨディは死ぬが、彼にかかわった男女は、彼の身勝手に振り回されつつも、それなりに自分の道を生きていくことが示唆されたし、『ブエノスアイレス』でもレスリー＝ウィンの残るブエノスアイレスを離れた男たちは、はるばる離れて互いの想い出や気配を抱きつつも自分の道を歩み始める。

ところが『スプリング・フィーバー』では他の登場人物が皆どこかに消えてしまったあと、チャンだけが物語の中に一人生き残り、元恋人の妻に刺された首の傷を隠すタトゥを入れ、小さなブティックを営みながら粗末なアパートで新しい男性の恋人と暮らしはじめる。これを監督自身は「希望」だというのだが、どうだろうか。言ってみればチャンは死ななかったヨディ、ブエノスアイレスに残されたウィンだ。であるならば、私たちがここから感じるのは「喪失」であり「孤独」であるというしかないのではないか。

香港映画に描かれる世界はウェットで作者と登場人物の距離がとても近い。それは六〇年代から九〇年代を描いた王家衛の映画も例外ではない。それに比べるとロウ・イエの登場人物との距離の取り方は遠くて、突き放している感じさえある。登場人物に感情移入しにくいのはそのせいか。映画の中でたびたび使われる携帯電話も、もちろん『欲望の翼』や『ブエノスアイレス』にはなかったもので、近そうでいて繋がらない人間関係の距離を感じさせる。そんな現代中国の抱える渇きをロウ・イエは的確に描き出している。

ところで、王家衛の二本の映画の主役を勤めたレスリー・チャンが亡くなって七年になるこの年、東京国際映画祭でももう一本、彼を印象的に思い出させる作品が上映された。

## ★永遠の天／中国〇九年／監督＝李芳芳（リ・ファンファン）

まだ二十代の女性監督の長編初監督作。映画は、ラジオから流れるレスリーのヒット曲『有誰共鳴』を背に、薄暗い廊下を去って行く女性の姿から始まる。彼の大陸での主演映画『さらば我が愛　覇王別姫』（陳凱歌）が作られた一九九二年（公開は九三年）、母は家を出たというナレーション。迫る郷愁の情感とともに画面に引き込まれる。

妻を追った父は車にはねられて死に、少女星辰（シンシン）は裕福な叔父に引き取られる。だが、叔父の離婚、再婚、娘の誕生で、叔父の息子とともに疎外されてゆく。彼女の心の支えとなる少年・明遠も両親が密輸に関わり父は刑務所に……と、速いテンポで語られるのは、九〇年代経済改革開放の中で富裕層に育つ子どもたちの、裕福だが精神的には不安定で頼るべきものを持てない寂しい二十年である。今までの中国映画にはあまり見られなかった、本当に若い監督らしいテーマといってよいだろう。

おもちゃ箱をひっくり返し、たくさんのきれいな玩具を並べたような映画である。いちいちの場面の美しさや、アングルの面白さなどが作者の非凡を感じさせる。物語も盛りだくさんで、ごたごたしてはいるものの、語りたい気持ちが溢れ出ているような大力作である。幼い耳に聞こえたレスリーから始まり、その死、サース、そして北京オリンピックと、社会背景も断然若い。ただ惜しむらくは恋人がサースに倒れても、レスリーの歌声が哀切であろうとも、すべての社会事象がヒロインのためにのみ存在しているかのような一面的な印象でしか描かれないことか。ヒロインのいわば唯我独尊的世界が展開されている感じだ。

これは映画祭のティーチインで、観客からの「お洒落で、香港かヨーロッパの映画のようだ」という感想に答えて、この映画は中国の現実をそのまま描いたのだと言い切った監督の社会観とつながっているのかもしれない。こういう世界とそうでない世界の格差や、自分の属さない世界にも向ける目が育ったとき、彼女の映画はどんな魅力を発揮することだろうか。

（二〇一〇・二　No.41）

# 最近のリメイク映画を点検する

## 『ベスト・キッド』『女と銃と荒野の麺屋』

**★ベスト・キッド／米国二〇一〇年／監督＝ハラルド・ズワルト**

　話題のリメイク映画がこの夏公開された。ウィル・スミスの息子ジェイデンが主演、ジャッキー・チェン（成龍）がそのカンフーの師を演ずるこの映画は、一九八四年のアメリカ映画『ベスト・キッド』（ジョン・G・アヴィルドセン）のリメイクだ。なるほどな、というところと、えー、どうして？が満載のこの映画、おおむねは前作どおりの筋で、母の転勤により転校した少年が、かわいい女の子に心ひかれるいっぽう、それが原因で武芸に通じた少年たちによるいじめにあい、彼らを撃退してくれたマンションの管理人に独特なやり方で武芸を習って、試合でいじめっ子たちに勝つ。父親のいない息子が母の庇護や支配？のもとでは弱虫にすぎず、父代わりともいえる師匠の父性こそが彼を自立させていくという、いささか保守的とも思えるメッセージもそのままに受け継いでいる。

　邦題『ベスト・キッド』はもちろん、原題『ザ・カラテ・キッド』も、どういうわけか前作のままなのだが、前作で日系俳優、パット・モリタが少年に教えたカラテ、新作ではジャッキーが教えるカンフーになり、舞台も前作のカリフォルニアから北京へと世界規模での変更が行われた。

　これは一つにはジャッキー・チェンの出演を前提としてのことなのでもあろうが、この四半世紀、かつての日本に代わる存在として、あるいはそれ以上に中国が力をつけてきたこと、そして、子どもを抱えたシングルマザーが、やすやすと国際間の転勤をすることもありという女性の職業状況の変化、そのような人々を受け入れ国際化する中国社会を反映しているようで、なるほどと思わされる。前作では少年は転校こそすれ、アメリカ社会にいて、その中での異文化としてのカラテに救われ、自らのアメリカ社会での居場所を見出すのだが、今作では主人公の少年ドレはまずはやむなく異文化社会に身をおき、その異文化そのものとしてのカンフーを知り、教えを受けることにより異文化になじみ、人々との交流ができるようになる。異文化が珍しい価値としてでなく、愛憎含め、つき合わざるを得ないものとして描かれるところが現代的であり、そこにリメイクの意味もあるのだと感じられる。

もちろん、ここに現れる異文化は、いかにもハリウッド的で、故宮、長城、鳥の巣のオリンピック競技場など、あたかも観光パノラマのようだし、ドレが住むビバリーヒルズ公寓はお湯の出は限られるとはいえ、外国人もたくさん住むらしい高級マンションで、ジャッキー扮する管理人も英語が達者と設定されている。通う中学校では紅領巾（レッド・スカーフ）を着けた少年・少女がドレに対してはペラペラと中国訛りの英語をしゃべる（これも重点中学ならありそうだが）。というわけで、何が異文化、とも思われるが、そこは前作より主人公の年齢を下げ、黒人の美少年（顔もかわいいが姿形のすっきりしていること！）とし、対する中国の子たちは、ヒロインも含めいかにも欧米人からみた中国系という顔立ちの子をそろえて、主人公と中国的なものの距離を見せている。もちろん町の人々、子どもたち、そして同じマンションに住む金髪の友達も中国語をしゃべる。

映画の後半、それまで英語しかしゃべらなかったドレが付き合いを禁止されたガールフレンドの家に行き、父親に中国語で挨拶して試合を見に来てほしいと言う感動的なシーンもあるのだが、これって、吹き替え版ではどのように処理されているのだろうか。夏休み中の公開ということもあってか、ほとんどの映画館では日本語吹き替え版。数少ない原語、字幕版を求めて見に行ったが、ことばも重要な要素となるこんな映画は原語上映をもう少し増やしてほしいものだ。（あとで確かめたところ、ＤＶＤでは、英語部分は日本語吹き替え、中国語はそのままで字幕処理されていた。フーン……）

ところで、この映画のジャッキー・チェン。かつて自らの運転する車の事故で妻子を失い孤独に暮らすマンション管理人という役柄で、カンフー場面も子ども相手の数場面のみ、ワイヤーアクションもなし、コミカルな演技もほとんどなく、ジャッキーのジャッキーらしさを封印して、ドレ役のジェイデン・スミスを立て、寡黙で厳しい師匠を演じている。メイクも含め渋い初老で、今までにない役柄。結果は悪くはないが、やはりちょっと淋しい。難しい年頃をどう乗り越えて進むかというところだろうが、次に期待だ。

### ★女と銃と荒野の麺屋／中国〇九年／監督＝張芸謀（チャン・イーモウ）

さて、リメイクといえば、この映画。なんと、コーエン兄弟のデビュー作『ブラッド・シンプル』（これも一九八四年）の、巨匠張芸謀による翻案作品。リメイクというよりはパロディと言った方がいいかもしれない。原題は『三槍拍案驚奇』。「拍案驚奇」は明末の小説の名で「机を叩いて奇に驚く」意だそうだが、まことに、大筋や登場人物の設定は前作を髣髴とさせつつ、コーエン兄弟もあっと驚きそうなミュージカル風ドタバタ映画になっている。

所在地不明の中国のどこか。真っ青な空、赤・黄まだらの砂漠、そこに入り乱れる人々のショッキングピンク、黄緑、黄色、赤などの派手な衣装、と徹底的に作りこんだ色の氾濫は、なるほど張芸謀の世界で、視覚的には相当強烈。カメラアングルも拍案驚奇だ。前作ではテキサスの酒場だったが、こちらは西域の麺屋（麺打ちシーンも見せ場でこれだけでも笑える）を舞台に主人、その妻、使用人たち、それに彼らをつけねらう役人と、一丁の銃と、主人のへそくりをめぐって入り乱れ、誤解、行き違いあり、その結果殺し合いもありで、ともかくほとんどの登場人物が逃げるか死んでしまうという、かなり陰惨な話。そのあたりはコーエン映画の雰囲気をしっかり受け継ぎ、しかも原色ぎらぎらに歌・踊りも入るという、ちょっとうるさいが奇妙な滑稽さ。

だれもが殺され、最後に一人残った女主人（閻妮＝ヤン・ニー）が麺をこねるところで、終わったかと思うと、すべての登場人物、強面ながらとぼけた役人（孫紅雷＝スン・ホンレイ）までが突如生き返り立ち上がり踊りだすというシュールなエンドロールも、みもの。もっとも二〇〇九年年末この映画を見た上海の映画館はレイト・ショーということもあってか十数人の入りのうえに、中国の映画館の常で、エンドロールが始まると、館内は明るくなり、観客はバラバラと退場し、一人最後まで粘ったものの、途中でせっかくのダンスシーンもぶち切れ。残念なことだった。

とにかく張芸謀が楽しんで楽しんで作ったという感じで、西欧向けの異郷中国を描くという臭みもなくはないが、ここでは許せる感じがする。

いずれの映画も四半世紀前の作品のリメイクで、このくらいの距離があると、前作のままではない新しい解釈や工夫が盛り込まれ、リメイクもなかなかに楽しいと思える。

先年公開された『コネクテッド』（香港〇八年／ベニー・チャン）も『セルラー』（米〇四年／デヴィッド・R・

エリス）を、香港を舞台にいかにも香港らしくリメイクした佳作だった。西欧作品がアジアでいかに生き返るかというのは今面白いテーマだ。なお、『三槍拍案驚奇』は『女と銃と荒野の麺屋』の邦題で一一年九月、日本でも劇場公開された。

（二〇一〇・一一　No.44）

# 中国現代の貧困の重層構造の中、ほのかに見える希望のきざし

## 『北京の自転車』『再生の朝に―ある裁判官の選択―』

生きていくことにはさまざまに重荷がつきまとう。貧しいこと、自分の道が開けないこと、自分の道を見失うこと、愛するものに手が届かないこと、愛するものを失うこと。打ちひしがれ、必死にもがきあがいて生き、何かを求めようとする映画の主人公に自分を重ねて、せつなさとともに彼らの世界を生き、ほのかに見える希望に胸をなでおろす。それが心地よいというのでもないのだが、映画を見ることの一つの醍醐味であるのには間違いない。

**★北京の自転車／中国〇〇年／監督＝王小帥（ワン・シャオシュアイ）**

地方出身の十七歳、小貴（シャオグイ）は北京に出てきて、飛脚便の配達員の職を得る。最新のマウンテンバイクが貸与され、一定のノルマを果たした後はその自転車は自分のものとなるという。慣れない北京の地図を頭に叩き込み、走る走る小貴。自転車や車の間をすり抜け、脚を猛回転させて前のめりに走る彼の自転車姿にはひりひりするような必死さがある。稼いで自転車を自分のものにし、さらに稼いで豊かになることを目指して彼はひたすら走る。配達数を手帳につけ、いよいよ自転車が自分のものになると思っ

たのに、ノルマに七十元足りないと言われる。不服ながらももう一日頑張ろうと気を取り直すが、その日、彼は自転車を盗まれてしまう。さらに茫然自失となって配達を忘れ、仕事もクビになってしまう。しかし必死の小貴は自転車を探し出したら再雇用してくれと社長に懇願、あきれさせながら、広い北京の街で自転車探しを始めるのだ。

高校生の小堅（シャオジェン）の家は豊かではなく、友だちの持っているような自転車をなかなか買ってはもらえない。とうとう彼は家の金をこっそり持ち出し自転車を手に入れる。中古とはいえ軽快に走る自転車にまたがり、手放しで風を切る小堅の走りっぷりは同じ自転車に乗っているとは思えないほどのびのびとして、小貴とは違っている。友だちと自転車で遊び、女友達とも自転車を並べて出かける幸福な小堅。が、とうとう小貴が、小堅の乗っている自転車が盗まれた自分のものであることを突き止める。

ここから二人の自転車争奪戦が始まるのだが、小堅の後ろには遊び仲間たちがついて「たかが自転車だろう」と、必死で自転車にしがみつき泣き叫ぶ小貴を叩きのめす。小貴は小堅の父に訴え、小堅の盗みが発覚……というような経緯ののちに、二人の間にはこの自転車を一日交代で使うという不思議な交渉が成立する。

この映画は中国の農村と都市、富裕層と貧困層を描くが、単に二項対立としてではなく、それらの重層的なあり方を示している。小貴にとって自転車は稼ぎ命をつなぐための道具だが、小堅にとっては都市の高校生としての自信や自負、つまりアイデンティティの拠り所であり、それが盗品だとわかっても決して手放せない。そして、そんなふうに自転車にこだわる彼を、さらに裕福な家庭の娘と見える美しい女友だちは「たかが自転車でしょ」と切り捨て去っていく。

小貴の同郷の兄貴分がのぞき見しながら心を寄せる向かいの邸宅の美女がいる。彼女は、実はその家のお手伝いで、主人の留守にその衣類を着込み、あげくは売り払ったとしてクビになる。見かけだけは主人と同じく、あるいはもっとすてきに着飾ることができても、貧困の階層を彼女は越えられない。同じ自転車に乗っていても小貴と小堅あるいはその友人たちの間に明らかな壁があるように。

とはいえ、二人に間に成立した交渉は、彼らが壁を乗り越える一つの手がかりになるのかもしれない。もっともその手がかりは、この映画の中では決して幸せな結末は産まないのだが。それでも最後に壊され車輪もゆがんだ自転車を担ぎ街中を歩いていく小貴はこれからも決して自転車を手放さないし、それはこの大都会での田舎者小貴のまっすぐで必死な生き方なのだろうと思わされる。そこに微かながら希望も感じさせられる。

豊かな娘の高圓圓（カオ・ユァンユァン）、一言もしゃべらないお手伝い周迅（ジョウ・シュン）、そして小貴の崔林（ツイ・リン）、小堅の李濱（リー・ビン）（この青年二人はこの映画で第五十一回ベルリン映画祭新人俳優賞を獲得した）ら、若い登場人物たちの凛々しさと切なさ、彼らの動き回る画面の個性的なアングル。光や自然の描写の瑞々しい美しさも心に残る。二〇〇〇年に作られたが、長らく未公開で幻の名作といわれたこの映画に十年経ってようやくめぐり合えた喜びを感じる。映画そのものは決して古くはなっていないが、周迅や高圓圓は今や有名女優である。青年役者たちも映画やＴＶで活躍しているようだが、主人公の男の子たちは十年後の今、どんなふうに育ち、生きているのだろうかと思わされる。

### ★再生の朝に―ある裁判官の選択―／中国〇九年／監督＝劉傑（リュウ・ジエ）

監督・劉傑は『北京の自転車』で撮影監督をつとめた人。前作の光に満ちた色合いとは違い、この映画は暗く寒々しい景色の中、固定カメラの眼を通して淡々と語られる。ただし、ときにはっとするほど鋭い光と陰影とが画面を引き締めるのはやはりこの監督ならではだろう。ちなみに撮影監督は日本人、大塚竜治。

一九九七年十月に改正された刑法のはざまで、車二台を盗んだだけで旧法の適用により死刑を宣告される青年、その青年からの腎臓移植を望む病身の社長とその婚約者、そして青年に死刑を宣告しながらも悩む裁判官の物語である。主人公の裁判官は三カ月前一人娘を交通事故で亡くし、精神的に打ちのめされた妻を支えながら自らも喪失感に耐えている。

この映画の主役たちはしゃべらない。冒頭、中学校の前で下校する少女たちを見つめ、あきらめたように自転車に乗って去る裁判官は、家に帰ると淡々と夕食を作り、放心状態でペットの犬をかまうだけの妻との食卓につく。そんなふうにこの男の耐える姿が描かれる。死刑判決を受けた青年も泣いたり騒いだり自己弁護するわけではないが、判決への抵抗や不服、あきらめの過程を映画はきっちり見せる。例外は社長で、彼は弁護士を雇い、電話をかけまわして刑の執行とその後の移植のための処置を手配するのだが、それを助けながら見ている婚約者は、やがて彼のその姿勢に疑問を持つようになる。

言ってみればこの映画も貧富の重層構造を描いている。富裕層の婚約者も、中間層にいる裁判官も自らを守る壁を打ち砕かないまでも、壁にちょっと疑問を持ち、ちょっと身を乗り出し、貧困層の死刑囚の命を救うのである。死刑宣告や執行場面を除けばさして劇的な話の展開があるわけでもない抑制された描き方であるが、抑制の中にかすめる登場人物の心の動きにいつの間にか引き込まれ目が離せなくなる。

裁判官を演じた倪大紅（ニー・ダーホン）は、張芸謀監督の『活きる』（九四年）や『王妃の紋章』（〇六年、第Ⅵ章で紹介）で脇役を演じていた人。本書前項で紹介した『女と銃と荒野の麺屋』では怪異な風貌で薄汚い、麺屋の吝嗇な親父を演じたが、ここでは打って変わって真面目な公務員役。だが、その微妙な表情の変化にこめる感情はすばらしく、殊に自らの進退をもかけることになった死刑執行停止を、上司から遠まわしながらも認められ家に帰る自転車の彼は『北京の自転車』の若者たちの躍動とはまた別の自足の表情を見せる。それはこの映画の希望そのものを表しているかのような名演技だ。

（二〇一一・五　No.46）

# 夢がなくては生きられない？　夢の中では生きられない？

## 『ミスター・ツリー』『冬に生まれて』

急激な都市化、経済化のもとで、ひずみの中に沈み込み、貧しさの中で浮かび上がることもできず、希望のない暮らしを強いられる人々、特に若者たちの姿が最近の中国映画にはよく取り上げられるようだ。

**★ミスター・ツリー／中国一一年／監督＝韓傑（ハン・ジェ）**

吉林省の炭鉱の村に住む樹先生（シューさん、つまり「ミスター・ツリー」）の友人たちは羽振りが良い。あるものは炭鉱を買収して高級車を乗り回し、あるものは都会に出て塾経営に成功しと、皆、着実に稼いでいるが、自動車修理店で働く樹は仕事ぶりも半人前、溶接の炎で眼を傷め入院騒ぎの末にクビになってしまう。それでも、こりる様子もなく通りをうろつき喧嘩の仲裁をしたり、騒ぐ子どもを叱りつけたり、友だちに奢らせたり金を借りたりして過ごしている。時には、まさに「樹」の名の象徴であるかのような庭先の大樹に上り葉陰でぼんやりしたり。

やがて、彼は、マッサージ店の耳の聞こえない娘に恋をし、結婚を考えて、長春に住む友だちの塾の雑用係に雇われ、出稼ぎに行く。そこで成功者であるはずの友人夫婦の軋轢を目の当たりにする。——と、こう書いていくとけっこうのんきな青年の話のようにも見えるが、演じている王宝強（ワン・パオチァン）の演技の繊細さで、何も感じていないようでいながら行き場のない閉塞と不安の中に宙吊りになっている青年が私たちの前に立ち現れる。

彼には八〇年代の少年期、兄が父の折檻を受け、木につるされ誤って命を落したという無残な体験があった。その原因は兄が恋愛をしたこと。樹の白昼夢にはしばしば亡くなった兄とその恋人が仲良く現れ、また、兄を死なせた悔いにより自死した父が現れ、結婚を前にした彼はそれらの幻想と現実の間を行ったり来たりするようになる。息子の恋愛を非行として許せなかった父、世代の価値観の差の犠牲として命を落とした兄、そんな事件が終わった高度成長期に生まれ育って、稼ぐのにも躊躇のない樹の弟、成功した友人たち、そんな人々の間にあって樹は誰ともつながれず、どこにも属することができないのである。ようやく結婚にこぎつけるが結婚式前夜の弟との喧嘩、火事（実はこれも樹の幻想で、火事が実際に起きたわけではないようだ）、その結果呆けたような状態で結婚式をあげ、妻にも心を開くことができず、やがて妻は去る。街では鉱山会社の都市計画が進み、人々は立ち退き料と新しい住宅を得て次々と去って行く。樹の弟も母を連れて立ち退いてしまい、古い家に樹は一人取り残される……。

妻との幻影の世界に遊び、ひとり、初めて見せるようなにこやかな笑みを浮かべる樹は、この夢の中でしか、もはや生きていけないようである。

七七年生まれの韓傑監督は賈樟柯監督の『世界』（〇四年）、『長江哀歌』（〇六年）などの助監督をつとめた人で、その影響を強く受けているのだろう。彼の作品には賈樟柯の初期作品『一瞬の夢』(九七年)や『青の稲妻』（〇二年）などを思わせる雰囲気がある。〇六年の東京フィルメックスで上映された韓傑自身の第一作『ワイルドサイドを歩け』も含め、これらの映画はいずれも、経済発展に取り残され、行き場を失った青年たちの姿を描く。『ミスター・ツリー』もその点では共通しているが、賈樟柯作品や『ワイルドサイド…』で、青年たちがスリ、強盗、喧嘩、仲間への裏切りといった「非行」によってあがき、もがいていたのに対して、この主人公、樹にはそのような反抗心や反社会性はない。ただ過去に起因する幻影に沈潜し、だんだん現実との関係を保ちにくくなっていく姿が描かれるのである。

**★冬に生まれて／中国〇八年／監督＝楊瑾（ヤン・ジン）**

冬に入ると行われる中国インディペンデント映画祭で上映されたこの作品も、過去に起因する夢にとらわれ生活の場を築けない青年の彷徨を描いている。韓傑監督と同じ山西省出身、北京師範大学卒で、さらに若い八二年生まれの楊瑾の作品である。

幼時に父を亡くしたものの、クリスチャンで愛情深い母のもとで気ままに育った二冬（アールトン）はバイクを乗り回し、銃を持ち出し、ケンカをする。手を焼いた母は息子を教会学校に入れる。——バイクが、まだ相手も決まっていない結婚のために用意した「結納品」であること、山西省の田舎町でのキリスト教の普及、男たちが全裸で群れる川での水浴場面などなど、文化のありようの彼此の差を感じさせる描写が興味深いが、それはさておき、二冬はこの学校でもつとまらずに結局放校になる。行きがけの駄賃のように彼は同級生を誘って駆落ちしてしまう。バイクを売り払って街に小さな部屋を借りた二人は職を探す。彼女のほうはすぐにウェイトレスの口を見つけるが、彼には仕事がない。そして、まもなく彼女は妊娠。周りの世話で、新たな結納品のバイクも買いなおし、教会で二人は寂しい結婚式をあげる。二冬は生活のためにさまざまな仕事につくが腰は定まらず、国有林の違法伐採を始める。常に摘発の危険にさらされ、林野庁の役人になった幼なじみに跪かされ、銃を向けられたりもする。

こんな中で映画の後半、二冬は繰り返し不思議な白昼夢を見るようになる。全裸の男三人が順番に雪の中を転げる夢、街で売られる幼児の夢、川の中に長い裳裾を引いて座る女性と網で掬い上げられ「母さん!」「父さん!」と叫ぶ自身の夢など、いずれもセピアがかったモノクロで不思議な一コマである。

実はこの青年は捨て子として拾われ育てられた子だった。若い夫婦には子は育てられないと養子に出すことを勧める親戚などに触発され、彼の過去が蘇る。彼はこの夢から、あるいは過去から逃れるかのように自分がそこに捨てられていたという「子捨て石」を爆破し、妻と生まれた子どもをバイクに乗せて雪道をどこかに向かっていくのだが……はたして彼に行く先はあるのだろうかと思わされる、寂しく、寒く、暗い場面である。

行き当たりばったりに行動し、その結果さらに流されていく、甘ったれているとも見える青年の中に、思い出したくもない過去が巣食い、夢や幻影で彼の行動を阻む、もしくはその中に逃げ込むことで生活を奪う。二本の映画に共通するそんな青年の姿は、現代の中国の青年像の一つの典型的な姿かとも思われ、興味深い。反抗と非行の高度成長期から一転して、「心の病」が蔓延し、他者との関係を作れない青年たちが目立つ経済低迷期へとたどった日本の若者社会と同じ歩みの兆しを鋭く掬い取ったとも見える作品たちである。

楊瑾監督はデビュー作『牛乳先生』(〇四年)で、父を亡くし、高校をやめて乳牛一頭を給料がわりに、山の小さな村の小学校の教師になる青年を描いた。彼には幻想的な夢はないが、村が鉱山会社に売られ、人々の離村が進む中、村に残るという祖母をかばいながら、淡々と責任を果たして働き現実を生きる。そんな青年の姿が観客に一種の夢を与える、清新な印象のある映画だった。あんな青年をスクリーンに見ることはもうないのだろうか。

（二〇一二・二　No.49）

# 流行の中国「青春群像映画」を見てみれば……

## 『あの頃、君を追いかけた』『初恋未満』『So Young～過ぎ去りし青春に捧ぐ～』『小時代1・2』『アメリカン・ドリーム・イン・チャイナ』

最近、中国語圏では複数の若者たちを描いた「青春群像映画」が流行っているようだ。二〇一三年秋の各映画祭でも何本かの上映があった。これらは概ね九〇年代に高校生・大学生だった世代の学生時代と、その後を描くというもので、三〇代になった作者が自分の青春を振り返るというスタンスであろう。同世代の観客にとっても、描かれる当時の文化風俗とともに共感が醸し出されるというわけだ。

**★あの頃、君を追いかけた／台湾 一一年／監督＝ギデンス・コー（九把刀）**

台湾で社会現象を巻き起こし、香港では歴代中国映画収入一位になった大ヒット作。

いたずら好きで勉強嫌いの少年と、その面倒を見るしっかり者の少女。彼らを取り巻く悪友たちの高校生活と、それぞれの大学進学、遠距離や行き違いの大学生活、そして卒業後と、九四年ごろからの一〇年間が、当時のマンガや風俗、それに大地震などもからめて、一〇年後ネット作家になった青年の視点で描かれる。若い時代の恋は思うようにはいかず、親しかった仲間もそれぞれの道を歩んで離れて行くというのは当然の成り行きだろうが、一〇年後、かつての女友達の結婚式での元男の子たちの再会や、幻想とも現実ともつかぬ、あっと驚く行動まで、ちょっと切なく甘酸っぱいが厳しい世界を描いて印象に残る。

★初恋未満／中国一一年／監督＝劉娟（リュウ・ジュアン）

「これは大陸版『あの頃、君を追いかけた』だね」と、中国映画へビー・ウオッチャーの友人。男四人がかわいい女の子を囲み高校生活を送り、大人になってやがて別れて行く。重慶一九九七年の想い出として描かれ、当時流行った歌とか歌手とか、香港返還の場面などが背景となっている。女の子の父の死や、母の言いつけを聞かず火事を起こすとか、喧嘩で退学とか、歌手になりたいボーイフレンドとの悲しいすれ違いとかが描かれる。ちょっとゴタゴタで蹉跌の青春だ。女の子視点なので、いたずらな女の子賛美にはならないが、それゆえか、男の子たちもソフトで少し個性に乏しい感じ。女性監督ゆえの描き方かも。

★So Young ～過ぎ去りし青春に捧ぐ～／一三年中国／監督＝趙薇（チャオ・ウェイ）

女優ヴィッキー・チャオ（趙薇）が北京電影学院大学院の卒業制作として完成させたこの作品は、中国で大ヒットしたという。日本でも一四年秋に劇場公開された。

これも九〇年代、南京の大学に入学し学生寮で同室になった四人の女子学生。当時の中国の大学生にしては、異性に興味深々、酒を覚え、サークル活動やバイトに励み、あまり勉強をしているとも見えないが、映画祭トーク・セッションでの監督によれば、そういう「ムダ」なことをしている青春時代そのものを描きたかったとのこと。彼女たちはそれぞれに違った形で恋をし、破れ、新たな恋をし、しかも自分の意志をはっきり通すような生き方をする。七年後までが描かれるが、後半は前半とは打って変わった暗い色調で、彼女たちの生活や大人の恋がシリアスに描かれる。

ところで、女性の元気さ、生き生きと自己主張する姿に比べ、どうも男たち、それも主たる恋愛相手の影は薄く、弱々しい。「紅一点」の男の子群像ドラマとちがって、女の子が一人の男を囲んでちやほやするわけでもなく、そのあたりには描き手の意志が反映されているようで、対比してみると面白い。

**★小時代 1・2／中国二〇一三年／監督＝郭敬明（クォ・ジンミン）**

二〇一三年の夏、中国で一、二部あわせて七億元の収益をあげたと聞く『小時代（TINY TIMES）』。日本では未公開だが、日本在住の若い中国人たちもネットで見たようで、「今、一番面白い映画」と何人もが教えてくれた。「八〇后（中国の八〇年代生まれの世代）」の有名な作家、郭敬明自身が自作小説を脚色・監督し、タイトルバックには楽しそうに顔まで見せている。

とってもおしゃれな上海の街で繰り広げられる、大学生とは思えないような豪華で、高価なファッションに身をつつんだ美女とイケメンの若者たちが繰り広げるドラマだ。高校時代からの仲良し四人組の女の子たちが大学に進学。彼女たちの恋模様や、その一人林蕭（楊冪＝ヤン・ミー）が実習生として勤めることになった人気雑誌「ＭＥ」を舞台にやり手社長とのあれこれ、そして仲間の一人顧里（アンバー・クォ＝郭采潔）が売り込んだ企画として行われるファッションショーの成功に向け四人が頑張るのが一部（「摺紙時代」）。

「青木時代」と名付けられた二部では、顧里の誕生パーティの席上、彼女と、もう一人の仲間・南湘の恋人との間に関係があったことが暴露され、顧里と南湘は訣別する。同じ日、顧里の父が急死。残された事業をめぐって顧里はボーイフレンドの御曹司、同姓の顧源（柯震東＝クー・チェンドン）と対決・交渉をすることになる。息子と顧里の付き合いを嫌い、別の令嬢を紹介する顧源の母。いっぽうの林蕭は担当していた作家の周崇光（陳学冬＝チェン・シュエトン）が実は社長の異父弟であり、しかも癌に冒されていることがわかる……と、まるで韓流ドラマのような、ドロドロのメロドラマ的展開となるが、テンポが若々しく、美女・イケメンが眼を楽しませてくれる。俳優の過半は台湾の人で、顧源の柯震東は『あの頃、君を追いかけた』の主人公、ダメ高校生を演じたが、この映画では打って変わってトレンドファッションに身を固め、青年実業家に。

この映画、中国では「浅薄な物質主義をあおる」「拝金志向」などと批判も受けたらしいが、それを吹き飛ばすような勢いも持っているのだろう。未見だが、一四年七月には第三部「刺金時代」が公開された。が、それも束の間、八月柯震東が北京市内で大麻所持で逮捕されたというニュースを聞く。浅薄な物質主義、拝金志向はこの有望な若者をも汚染したということだろうか。とても残念。

複数の若者たちがそれぞれの夢を持てる、その夢を実現できると信じるところに「青春群像映画」は成立する。日本でも八〇年代、TVドラマ『ふぞろいの林檎たち』をはじめとする青春群像作品が流行した。バブルがはじけ、青年たちはそれぞれの夢を支え合う力も失い、内へ内へと精神的に引きこもった感があるが、してみると中国の青春も今やバブル絶頂ということだろうか。

夢の向こうには、夢を持つこともできない貧困の暮らしがある。そんなところに眼が行き届いたときに映画も成熟するのではないかと思う。

**★アメリカン・ドリーム・イン・チャイナ／一三年中国／監督＝陳可辛（ピーター・チャン）**

八〇年代、大学に入って知り合う三人（黄暁明＝ホアン・シャオミン、鄧超＝ダン・チャオ、佟大為＝トン・ダーウェイ）が、日本でも大ヒットしたインド映画『きっとうまく行く』（〇九年／ラージクマール・ヒラニ）を思わせる喜劇風味で描かれる。三人は米国留学を夢見るが、ビザが下りたのは一人だけ。残された二人は苦労の末、廃工場で無許可の留学・英語塾を開く。いっぽう、留学を果たした一人も結局目が出ず失意のうちに帰国。二人は彼を留学カウンセラーとして引きこみ、塾は事業として大成功。しかし、やがて上場するかどうかとか、生徒の好成績ゆえに教材盗用の疑いをかけられてアメリカ側から訴えられそうになったりと、問題も起きる。三人はそれをどう乗り越えるのか……彼らがアメリカに乗り込み、力を合わせて、もちろん英語でアメリカ側をやりこめるシーンは痛快だ。

果たせない留学の夢や果たせてもなかなか思うようにいかない留学を逆手にとって、明るく頑張る姿に元気がでるような、いい感じの映画だが、同時に根っこのない留学と起業と一攫千金の夢を煽る現代の中国社会を皮肉っているようでもある。そんな社会に翻弄される若者たちに、香港人ピーター・チャン監督は警鐘を鳴らしているのかも。これもちょっと大人風味、辛口の青春群像映画と言えるだろう。

（二〇一四・二　No.57）

# Ⅵ

# 監督で見る映画

## だれのための映画？——国際市場の中での映画づくり、または男優王国・ニッポン

### 『SAYURI』『PROMISE 無極』『単騎千里を走る』

アジアを舞台に国籍を越えたアジア人俳優の出演により撮影され、話題になった作品が目立つ。いずれも監督が作りたくてたまらず、楽しんで作った映画という感じだ。

**★SAYURI／米〇五年／監督＝ロブ・マーシャル**

アメリカ人作家アーサー・ゴールデンの書いた原作をもとにアメリカ人監督ロブ・マーシャルが、中国人女優に日本人の芸者を演じさせた映画。照度を落とした橙色の光と暗闇のコントラスト、揺れる火影、ブルー系の自然、その中に浮かび上がる中国人女優たちのあでやかな八頭身。主演の章子怡（チャン・ツーイー）はいずれも張芸謀作品『初恋の来た道』（〇〇年）を思わせる素朴な女中から、『LOVERS』（〇四年）の舞姿を彷彿させる大きさや勢いのある扇の舞（日本舞踊という感じではないが）まで熱演し、しかもかわいく美しい。対するライバルの先輩芸者は鞏俐（コン・リー）で、これはどう見ても日本の女ではなく、西洋人の描いた日本を題材とする絵画の中の芸者（章子怡対鞏俐の対決というのは、そのまま中国映画界新旧女優対決という趣。映画内では敗残する鞏俐が少々気の毒か）。

ミッシェル・ヨー（楊紫瓊）の和服姿は貫禄がある。日本人女優・桃井かおり、工藤夕貴（おカボという役名で英語ではパンプキンと呼ばれているのがおかしい）も存在感があって悪くないが、やはり章子怡

に匹敵するぐらいに華のある、あるいは対抗馬としての迫力をもった鞏俐のような女優は日本には見あたらないということか。対する男性陣は渡辺謙と役所広司。海外にも通用する日本の中年代表というところだろう。

ともあれ、スピーディかつ無駄のない展開や、内面よりは表面的な華々しさを追っていくストーリー、一応ハッピーエンドの筋立てと、ハリウッドに再現されたオリエンタリズムの世界は西欧人にとっては口あたりよく、かつ眼を惹きつけるに十分な魅力を持っている。欧米人の描く伝統的日本社会、中国人の演じる日本人女性を日本人は興味を持って見るだろうし、中国人は中国の役者が日本人を差し置いて日本を演じることに酔える。その意味で、この映画は国際市場での集客力を強く意識しているのだと思う。日本人から見れば?、ほとんど英語で、ときどき入る日本語台詞や翻訳調の妙な字幕が、どこか知らない世界としての日本を見ている気分にさせられるのも不思議。それらを楽しめばいいという気持ちで見れば楽しめる。英語をしゃべるということ自体がすでに外部から見た日本だという映画の「居直り」に、中途半端に混じる日本語はいらないという感想を持つ日本人観客も現れるのである。

## ★PROMISE 無極／中国〇五年／監督＝陳凱歌（チェン・カイコー）

中国人の描くどことも知れぬ世界。出演者は日本人・韓国人・香港人が中心。言語は中国語だが母語話者は少ない。どことも知れぬ世界ではあるが中国語世界であることはたしかである。話は荒唐無稽（ゲーム的）、オカルトっぽさ、恋愛的要素を含む活劇。日本人・韓国人・香港人（で普通話の分かる人）はそれぞれの役者がいかに中国語で演じるのかを見る。中国人は他国人がいかに下手な中国語を使うかを楽しむ。あるいは中国風な舞台に各国人が集結していることを自国中心的に喜ぶ。もう少しグローバルな発想を持つ人はこのような映画がアジア各国人を起用し、中国語で撮影されたこと自体をおもしろがるにしても、そのように撮られた映画の地域的必然性には多分首をひねる。もっとも陳監督自身が撮りたかったのはまさに時代も場所も架空のゲーム的世界であったのだろう。ただ、それならば何も非母語話者の役者たちに中国語をしゃべらせる必要もなかったはず。おかげでこの映画では真田広之の発音のよさばかりが喧伝されることになってしまった。

実に卑小で魅力のない大将軍のいやらしさや情けなさを真田は好演し、四つ足で走り、肉に食らいつく奴隷をチャン・ドンゴンは熱演し、女性たちは白塗りの不気味な無表情。こんなに共感を呼ばない登場人物ばかりの映画も珍しく、陳監督が彼らをゲームのコマのように扱って、彼の心の中の「萌え」の世界を贅沢に描き出した作品と感じる。物語は妙にもったいぶっているし、CGは大掛かりで色鮮やかだが、いささか安っぽいし、熱演が目立てば目立つほど、このように使われる役者が気の毒に思われてくる。

## ★単騎千里を走る／中国〇五年／監督＝張芸謀（チャン・イーモウ）

さて、そこで、第五世代の代表格として陳凱歌と並び賞される張芸謀である。こちらはオーソドックス？に、死病に倒れた民俗学者の息子のかわりに中国・雲南に出向き伝統の仮面劇を撮影しようとする日本人（高倉健）が、その過程でさまざまな中国人の人情に触れ、仮面劇の役者の息子探しをしながら、新たな父子関係の出会いを実感するという、いわば人情劇である。そしてもちろん張監督らしく雲南の自然や、伝統芸能、村の通りに長く卓を連ねて客を歓迎する宴など、いかにも外国人向け「観光案内」的場面も組み込み、高倉とからむ中国人はほとんどが素人だが、素朴な風情ながら皆なかなかに演技もうまい。

高倉といえば寡黙な男という役柄のイメージで、この映画でも何年も息子と意思の疎通ができなくなっている漁師という設定であるが、中国語は「ニーハオ（你好）」や「シェシェ（謝謝）」さえしゃべらない彼が中国の人々と意思疎通をはかる手段が、デジカメ、ケータイ、ビデオカメラというのが今風。電子機器は国境をも越える言語となるという、新しい国際コミュニケーション映画になった。

話もシンプルで、父子の相克と和解というテーマは万人・万国向けと言えるし、『PROMISE』と並べられることを意識し、あえて違った世界を達者に描いたところはさすが張芸謀、ではある。すべて日本人によって日本語で演じられる『SAYURI』や中国人俳優のみで演じられる『PROMISE』が果たして鑑賞に耐えうるほどの内容を持つだろうかと考えると、外国人抜きには話が成立しないこの『単騎千里を走る』こそが国際映画の本道ということになるのかもしれない。もっとも張監督は『PROMISE』的世界は、すでに『HERO 英雄』（〇二年）『LOVERS』（〇四年）で満喫したのだろう。この映画はまた、彼にしては珍しい女優不在映画でもある（日本の場面にのみ、寺島しのぶが出演）。

ところで、これらの「国際映画」に主演する日本人はなぜか男優、しかも中高年（一番若い真田広之でも制作当時すでに四十五歳、高倉健は七十四歳！）というのはなぜだろう。日本の中高年男性は中国やアメリカでは魅力的に見えるのだろうか。もちろん彼らは日本でもとびきりの中高年なのではあるが。中年男優王国・ニッポンを乗り越えて、女優よガンバレ！若手よガンバレ！次はどんな「国際映画」が出てくるのか楽しみにしてるから。


（二〇〇六・四　No.26）

# 飢え、渇く二つの都市の恋情

## 『百年恋歌』『黒い眼のオペラ』

秋の東京は映画祭の季節。特に二〇〇六年に第七回を迎えた東京フィルメックスでは、意欲的な中国語圏映画をたくさん見ることができた。これらの映画が劇場で一般公開されるのは大概一年近くも後で、それはちょっといらいらすることでもあるのだが、一年を経て胸のうちに熟成させた印象を確かめるというのもまた楽しい。第七回の会期中には、ちょうど前年『スリー・タイムズ』の名で上映された開幕作品『最好的時光』が『百年恋歌』と名を変えて劇場公開中だった。

**★百年恋歌／台湾〇五年／監督＝侯孝賢（ホウ・シャオシェン）**

今やアイドルの域を脱し、成熟度を増して素敵になった舒淇（スー・チー）・張震（チャン・チェン）を主人公に、時代を変えて撮った三本のオムニバス作品である。描かれるのは約百年にわたる三つの恋。まず、侯孝賢自身の青年時代の思い出をもとに作られたという『恋愛夢』。一九六六年の兵役中の青年の、撞球場を渡り歩くスコア嬢への恋を描く。次は一九一一年の遊郭を舞台に高級妓女と、妾制度に反対する思想ゆえに彼女への恋を実現できない若い理想派の文人を描く『自由夢』。そして最後は現代の台北を舞台に写真の仕事をする青年への思慕と、同居するレズビアン関係にある女性からの執着の間で引き裂かれる女性をむしろ淡々と描いた『青春夢』。映画の楽しみの一つが映像や音楽の妙を味わうことであるとするならば、抑えた色彩、控えめなカメラ位置、それでいて人々の心の襞まで映し出す絶妙な構図と繊細微妙な光の美しさ、そこに流れるノスタルジックな音楽など、侯孝賢の作品は映画美の一つの極致を示している。

三つの物語ではどれも「手紙」が重要な役割を果たしている。『恋愛夢』の恋はいかにもアンチャン然とした青年の柄に似合わぬ端正で情のこもった手紙から恋が始まるし、『自由夢』の文人は直接には言えない言葉を詩のうちに込める。『青春夢』では携帯メールやインターネットが駆使され、どの登場人物もメールを打つというより乱打し、思いは瞬時に相手に向かって流れ出す。流れ出すのだが届いているのかどうかはわからない。

映画祭から劇場公開までの約一年間、批評家や一般観客である友人たちとりまぜ、いろいろな人がこの映画の印象を語るのを聞いた。だれにもそれぞれお気に入りの一本があるようだが、『恋愛夢』『自由夢』の人気は断然高かった。私自身も『恋愛夢』のシンプルかつ真摯な恋、『自由夢』の様式美にこめられた哀切など、おおいに心惹かれるものがあった。それに比べると『青春夢』は猥雑だし、描かれるのは一見ありきたりの都市の青春像である。ところがなぜか『青春夢』は見る毎に印象深さを増していく。日本での初上映から一年後の侯孝賢映画祭の開幕トーク（〇六年九月三十日、シネマヴェーラ渋谷）で蓮実重彦氏が侯孝賢の「俠」の世界の拡がりとして高く評価したのをはじめ、『青春夢』の良さを言う人は時が経つにつれ多くなってきたという印象がある。

三つの恋にはそれぞれ傷碍がある。『恋愛夢』では貧しさや青年の兵役、『自由夢』では社会変革の思想との相克や女性を縛る遊郭で、これらはいわば外的な制約だ。しかし『青春夢』の若者たちが抱えるのは圧倒的な自由と、その自由の中でさらなる自由が実現できないことへの焦燥のように思われる。愛し愛されたと思ったとしても、そのことさえ確実なものではない。そうではあっても、まるで飢え、乾きをいやすかのように愛を求めずにはいられない。そんな現代人の心情が、控えめに求め控えめに満たされようとした旧代の姿と対比して描かれることにより、くっきりと浮かび上がる。「手紙」の描かれようにそれは象徴的に現われている。『恋愛夢』も『自由夢』も『青春夢』のための一つの伏線としてあるとさえ思われる。これらが節度をもって完結した世界であるのに対して、『青春夢』から次なる侯孝賢の世界は始まるのだと感じさせられる。

**★黒い眼のオペラ／台湾〇六年／監督＝蔡明亮（ツァイ・ミンリャン）**

現代都市の「飢え・渇き」とそこに求める恋情を描くとなれば、同じ〇六年、東京フィルメックスの閉幕作品であったこの映画も忘れられない。蔡明亮の描く都市・台北はいつも大雨だったり、逆に日照り・猛暑が続いたりするが、この映画では彼の故郷マレーシア・クアラルンプールを舞台に煙害に見舞われる都市が描かれている。蔡明亮の「ミューズ」李康生（リ・カンション＝小康）が演じるのは、路上賭博に負けて瀕死の重傷を負う流れ者と、昏睡状態の男の二役である。流れ者はバングラデシュ人の出稼ぎの男に助けられ、厚く重いマットレスにくるまれて、そのアパートに運び込まれ丁寧な介護を受ける。一方、昏睡の小康を介護するのは雇われて屋根裏部屋に住む娘・陳湘琪（チェン・シャオチー）で、彼の口や頭を洗い、チューブで流動食を注入する。行き届いてはいるがいかにも機械的な扱いで、焦点のない潤んだ目を見開いてこれを受ける小康の演技もなかなかに凄まじい。

娘はやがて、ようやく快復して出歩くようになった流れ者のほうの小康に出会う。ここからは娘、バングラ人、そして昏睡の小康を最も愛しているらしい姉、すべての愛が流れ者小康へ小康へと寄り添っていくさまがマットレスの移動とともに描かれる。小康は娘とともにマットレスをまずは娘の屋根裏へ、次には廃墟となったビルの階上へと運びそこで二人は寄り添う。そこに姉も来、バングラ人もやってきて……。

女たちは働きかけても答えることのない昏睡者小康の代償として流れ者小康を求めているようでもあり、またこの物語全体が昏睡者小康の視点でその代理としての流れ者小康の姿を借りて体現する夢の世界のような感じもある。特に映画後半の主たる舞台になる廃墟のビル、そこにある真っ黒な水をたたえた人工の池、取り囲むがらんどうの空間などは、現実の、あるいは昏睡する小康の夢のむなしさとそこで寄り添って行こうとして実は多分果たせない人間の営みを表しているようだ。小康のアップ以外はほとんどの登場人物の顔も見えないほどひいたカメラ、暗い光、ほとんどない台詞もその感じを強めている。

前々作『楽日』（〇三年）では失われる世界を、前作『西瓜』（〇六年）では代理・代償行為としてのAV男優・小康のセックスをミュージカル仕立て？で描いた蔡明亮だが、この映画はその両方を合わせたような感じ。ただ、それだけに『楽日』のようにシンプルながら訴える強さ、『西瓜』のような衝撃的な猥雑さには欠けるような気もしないではない。ときどき挿入される俗謡、そして最後に中国語で歌われるモーツアルトが蔡明亮らしい。原題『黒眼圏』は目の周りの隈、いわゆる「青タン」のことだそうだが、むしろ英題「I don't wont to sleep alone」がこの映画のテーマそのままだろう。最近、日本では二文字熟語で命名される蔡明亮映画、この作品の邦題は『布団』だな、とは映画好きの友人の言。

まったく違うタイプの映画ではあるが、巨匠が捉えた現代は、どちらも一見自由な都市に浮遊する人々の飢え、渇く恋情。どちらを取るかはお好み次第ということになろうか。
『黒眼圏』は『黒い眼のオペラ』の邦題で、〇七年、日本でも劇場公開された。

（二〇〇七・二　No.29）

## 「けれん」を楽しむ
### 『女帝 エンペラー』『長江哀歌』

片や二〇〇六年ベネチア映画祭で審査委員長カトリーヌ・ドヌーブの絶賛を受けた金獅子賞受賞作。中国国内での興行収入はあまりよくはなかったようだが、そういうことは期待していないと監督も言う芸術映画。片やお正月映画の名手、馮小剛の古装エンターテイメント。並べて何を語るのかと思われる向きもあるだろうが、物語の大筋とは特に関係のない設定、たとえば音楽、劇中歌、舞踊、点景的な人物の所作、またセリフに織り込まれるユーモアなど、物語から際立って観客に大きな印象を与え、作品の世界をイメージづけていくものの豊かさ、もしかしたら「けれん」味とでもいうべきものが楽しめる二作品である。

**★女帝 エンペラー／中国・香港〇六年／監督＝馮小剛（フォン・シャオガン）**

冒頭に『グリーン・ディスティニー』（〇〇年／アン・リー）や『LOVERS』（〇四年／張芸謀）を思い出させる緑つややかな竹林。中央に竹製の滑り台?がしつらえてあり、仮面にあたかも経帷子のような白衣の踊り手が異界のもののごとき動きで舞う。そこを刺客が襲い仮面白衣たちは抗いつつもつぎつぎに衣を血に染めて倒れる。物語の不吉な先行きを予告しているかのような鮮烈な印象を与える場面である。水中に潜って刺客を逃れた王子（ダニエル・ウー＝呉彦祖）が、この異郷の竹林から帰還したとき、父王を倒した叔父は父の后と結婚してすでに王位についていた。

というわけで、これはいうまでもなく沙翁（シェイクスピア）の『哈姆雷特』（ハムレット）を原作としているわけだが、王妃を演ずる章子怡（チャン・ツーイー）は王子の母ではなく昔の恋人。彼女が父と結婚したことで絶望した王子は他国に出奔して竹林で仮面舞踏三昧の日々を送っていたという設定になっている。章子怡は『グリーン・ディスティニー』『LOVERS』のヒロインでもあったし、ここでもかの映画たちが想起されるのは当然だろう。彼女が、夫である王を殺し自分を奪った叔叔（夫の弟）に復讐を遂げる物語である。王子も復讐の意思を持ってはいるのだが、この映画はあくまでも章子怡演じる王妃中心の劇として、いわば章子怡を見せるために作られているようだ。彼女は豪華な緋の衣裳をまとい、後姿ではあるが惜しげもなく裸身を見せ花びらを浮かべた風呂に入る（スタントだとも聞くが……）。

この映画では冒頭の仮面の踊り手だけでなく全編を通して出てくる兵士たちも仮面をつけているし、原題にもなった「夜宴」のクライマックスシーンで王子を愛する姫（周迅＝ジョウ・シュン。王妃が王子の母ではなく元恋人という設定ではオフィリアにあたるこの役は難しいものにならざるを得ないが、可憐さに大人の女のふてぶてしさとでもいうべきものを微妙ににじませて周迅はなかなかの好演だ）の披露する仮面の舞、そこに同じく仮面をつけて加わる王子、皆が仮面の下に思いを隠している中で自らの表情を仮面として迫る章子怡の無表情は怖い。

馮小剛は台詞劇の人なので、台詞での遊びも多い。この映画の台詞はちょっと古めの中国語でわかりやすいが、ときどき字幕で見ても妙な（場面にそぐわないような）台詞が出てきて、そこが笑いどころになっているようだ。たとえばポロ（馬球）をやろうと誘う王に王妃が「頭が痛い」と断ると「皇后のくせに布団もかけずに寝るからだ」と王がそこらのオジサンみたいなことを言うとか、王子を人質として契丹に送ろうとする王に、王妃が「身代わりを送ろう」と提案すると、王が柄にもなく「以誠信為本（誠意と信用を元手とすべし）」と現代の経済社会での常套句で答えたりというあたりで中国では笑いが起こるのだとか。

この台詞の面白みの多くを担っている王は馮小剛映画の看板役者葛優（グォ・ヨウ）である。若きヒロイン章子怡に芸達者な彼という配役にもけれん味があるし、ハムレットに韓国風仮面劇を持ってきて、しかも五代十国と時代も特定して不思議な無国籍的異境を作り出したところなど、下手な監督なら大真面目な単なるシェークスピア三大悲劇の一つとして撮るだろうに、原作までもけれんの一部にして笑いのめしたのは、さすが馮小剛！　さらにそこにしつこいほどの、そしてどこかで見たようでもある香港風ワイヤアクションを配したところなどは、もう脱帽、というしかない。

### ★長江哀歌／中国〇六年／監督＝賈章柯（ジャ・ジャンクー）

まず、長江の船上、老若男女、トランプをしたり飲んだり食べたりしゃべったりする人々の姿がドキュメンタリー風に映し出され、そこに京劇の名曲『林沖夜奔』が流れる。それだけで圧倒される。劇中に流れるたった一曲が観客の心に響き、その映画を深く印象づけるということがあるが、この映画にはそのような「装置」が満載されている。船中コンサートでは八〇年代の台湾映画で今もリメークされている『搭錯車』（八三年／虞戡平＝ユー・カンピン）の主題歌「酒矸倘売嘸」が歌われ、登場人物の一人、立ち退きを迫られる長江沿いの町で労働者集めの手先をするチンピラはスター周潤發（チョウ・ユンファ）にあこがれてテレビに見入り、彼が殺されて埋められた石の下からは「上海灘」の着メロが鳴り響く。いずれもある時期中国の人々を魅了した歌で、この歌を聴いただけで胸を締め付けられるような思いをする人も多いのだろう。

物語は山西省から十六年前に別れた妻を捜しに長江沿岸の町奉節にやってきた男（韓三明＝ハン・サンミン）と、同じく二年間音信のない夫を捜しに来た女（趙濤＝チャオ・タオ）が接点もないまま、それぞれの配偶者探しをしながらいろいろな人に会い、やがてそれぞれの結論を得て去っていくというそれだけの話であるが、彼らの旅を通して、ダムに沈み失われて行く長江沿いの街が刻々と姿を変え、人も流れていく様子がまるでドキュメンタリー映画のように淡々と描かれる。立ち退きを迫られている旅館の老主人、地面が水に沈む前に発掘に精を出す考古学者、水没する建物を取り壊す労働者たち。誰もが失われるものの重みに耐えながらも、あたりまえの顔をして日常を生き続ける。そこに流れる今昔の流行歌は失われゆくものの象徴として、登場人物ばかりか観客の胸をも締め付ける。

この映画には、また、妙な少年が現れて朗々と歌ったり、UFOが飛んだり、モニュメント風の建物がロケットのように空に飛び上がったりと、不思議な場面が挟み込まれる。最後にこの街から男が去っていく道の向こうには中空でなぜか綱渡りをしている人がいたり。現実から飛躍したい主人公の心情のあやういバランスの表象であろうか。いずれにせよ唐突に現れるこれらの場面には、そこはかとない面白みが漂い、失われる町が哀切におぼれることを拒否している。遊び心が誘われるこれらの装置もやはり「けれん」といってよいだろう。

こう見るとこの映画は地味だが意外に喜劇っぽくもある。原題『三峡好人』、英題『Still Life』を『長江哀歌』とした邦題も一種のけれんであろうが、いささか感情的にすぎるこの題名には、そう考えてみると違和感を禁じ得ない。
二本の映画、どちらも悲劇的な題材を微妙な均衡で笑えるものとする。そこに「けれん」を逆手にとった客観的な視線の「成熟」を見ることができるように思われる。

（二〇〇七・八　No.31）

# 見なくていいよと皆が言うが、やっぱり見たくなる『王妃の紋章』

## 『雷雨』『王妃の紋章』

**★雷雨／中国八四年／監督＝孫道臨（スン・ダオリン）**

三十年ほど前に作られた『雷雨』という映画がある。原作は一九三四年曹禺によって発表された有名な舞台劇『雷雨』である。

一九一〇年代の天津で鉱山経営により巨大な富を得た周朴園一家の物語である。朴園は妻を病人扱いして絶対服従を強いる。妻は朴園への反感をつのらせ、先妻の息子である長男周萍に愛を求める。一度は義母に惹かれながらも、彼女との関係を嫌い一家の女中四鳳を愛するようになる周萍。二人の関係に嫉妬し心配する妻は、四鳳を解雇することにした。

ところが、四鳳を迎えにやって来た母親の魯媽こそが、元はこの家の女中で、朴園の最初の妻として周萍を産み、さらに次男を出産した直後に、資産家の娘と結婚することにした朴園に赤ん坊もろともこの家を追われた先妻であることがわかる。激しい雷雨の夜、何も知らない周萍は妊娠した四鳳を連れて家を出ようとする。嫉妬にかられた後妻は二人が異母兄妹であることを告げる……母とともにかつてこの家を追われ、今は周家の経営する鉱山の工人代表として待遇改善を求め周家に乗り込む次男も含めて、高鳴る雷鳴・豪雨の中、物語はクライマックスの悲劇へと突き進む。

映画の舞台は周邸と、女中四鳳、その父親で周家の執事魯氏、母の魯媽の住む家のみ。登場人物は若く無学な四鳳まで含め、しゃべることしゃべること、黙ってうつむくとか、表情で自分の意をひそかに表すなどという風情は皆無で、全編丁々発止の台詞のやりとりで構成されているが、これは元の舞台劇に忠実な映画化がされているということだろう。リアリティには欠けるが、きわめてわかりやすい。

四鳳の実家は周家の誰彼となく嵐の夜に行き来できるくらいの近い距離にあるらしいのに、魯媽が追い出されてから三十年も消息が知れず、両家の因縁が明らかにならなかったことなど、いかにも不自然ではあるが、とにかく勢いでぐんぐん見せられてしまう。言ってみれば因縁のメロドラマだが、この因縁が軍閥時代、ブルジョワとしてのし上がり、現在も工人たちを搾取する周朴園の横暴と腐敗した生活の結果であることはきっちりと描かれるし、またそれに抵抗する下層階級の人々のありようにも目を向けていて、単なるメロドラマとはしないという作者（原作者・映画監督ともども）の意図がはっきり現れている。

実はこの『雷雨』の物語を下敷きにしたのが、張芸謀の最近作『王妃の紋章』である。

**★王妃の紋章／中国〇六年／監督＝張芸謀（チャン・イーモウ）**

この映画、中国での公開を見たり、試写に行った友人・知人のほぼすべてが口をそろえて「見なくてもいい映画だ」と言い切った。そんな映画もさすがに珍しく、そこまで言われると好奇心もむくむくとわいてきて、もちろん見に出かけた。

ともかく金ぴかな映画である。王宮の壁、柱、登場人物の冠、衣裳、王妃が「紋章」として刺繍する菊の花、すべてが金色に煌めき輝く。あたかも時計のように王宮内を時を告げて回る役人の、その声音とともに、何百人という女官が様式化された舞のごとく、一挙手一投足、号令に合わせて一斉に身仕舞いをする。その居並ぶ無表情といい、乳房を半分露出させて締め付け持ち上げた豪華だがセクハラまがいの衣裳といい、ともかく無気味というか不愉快でさえある。

批評のなかにはこれを「エロティシズム」として評価しているものもあるようなのだが、とてもそんなふうには思えない。この気味悪さは全編を覆っているし、これも大量に（まさに「大量」に）黄金の甲冑をまとって現れ、戦い、倒れていく兵士たちにも、一人一人の個性はまったく見えない。ただ号令で一斉に手足を振り上げ、機械のように戦い倒れ、屍が重なる。かと思うと屍の山と血みどろの宮殿中庭はあっという間に片づけられ美しい段通が敷かれ、鮮やかな菊花が飾られて重陽の宴が始まるという具合。その様式化されたテキパキ度を見ていると、この王族の退廃ぶりとともに、作者の、将棋の駒か美しいフィギュアのように人間を並べ思いのままにすることへの快感が透けて見えて慄然としてしまう。

物語は「黄金の一族」と称される王家の一家の愛憎劇で、独裁的な暴君である王、その王の圧制の下で復讐への意志を固めつつ、そしらぬ顔で先妻の子である皇太子との情事にふける王妃、王妃の愛に絡めとられながら、侍医の娘を愛する皇太子らが『雷雨』を下敷きに造型されている。王を演ずる周潤發（チョウ・ユンファ）は大味で、ただのカミナリ親父風だが、王妃鞏俐（コン・リー）の奥に情念を潜めつつ権高に振る舞う貫禄、そしてアジアの「怪優」に成長しつつある皇太子役劉燁（リュウ・イエ）のエキセントリックな演技はなかなかのもの。このほかに『雷雨』とは違い王妃の実子（であるらしい）次男役が台湾出身の人気歌手ジェイ・チョウ（周傑倫）で、母を慕い近衛隊長でありながら菊花を旗印とする反乱軍を指揮して王に立ち向かう悲劇の王子を熱演している。さらに第三王子役の若い秦俊傑（チン・ジュンジエ）も、陰湿な木偶のごとく事件の経緯を見守り、兄たちが滅びる最後になってひょっとこのように口を尖らせ己の権利を主張して父に刃向かうキレた迫力までアイドルに似合わぬ無気味さで好演している。これを見る限り、良い役者が揃い、それなりの演技をすることによって、このがらんどうのような黄金世界はなんとか支えられたといってよいのだろう。

しかし「黄金の一族」を支える黄金がいったいどこからきて一族に富をもたらしているのか、この映画は『雷雨』と違って描かない。王の家族は、みずからに加えられる私的な王の圧制に立ち向かうために膨大な兵を動かしその命を奪う。ここには王家の圧政にあえぐ民衆の姿もなければ、死に行く兵士への憐れみさえも見られない。監督の中にすでにそのようなものに対する興味自体が失われている感じがする。あたかもゲームのように、登場人物を消費しつくしたあげく、最後は『雷雨』よりさらに陰惨な悲劇がこの王家を襲う、そのことをもってマスとして人間をとらえる思潮そのものを否定していると見れば見られないこともないかもしれない。

だが総制作費五十一億円というこの映画、どうしてもマスゲームは豪華絢爛に走り、作者はその豪華絢爛を支配する喜びの中にいる、という感もまた免れ得ない。張芸謀も共産党独裁政治の申し子である、もしくはヒトラーへの道の一歩にいるみたい、と言ったらあまりに失礼だろうか。もう少し軽く言えば、彼が総監督を務めた北京オリンピック開会式のリハーサルがこの映画？だったということもできるかも。周知の通り、この後〇八年、北京オリンピックで彼は開会・閉会の豪華な演出を担当した。

名作とは言い難いし、見に行って、いい気分になる映画でもなかったが、こういう映画は批判的意味や、または今後の作者がどうなっていくのかという関心も含め、やはり悔しいけれど見逃せないと思う。さすが張芸謀、大物なのである。

（二〇〇八・八　No.35）

# 老いてますます盛ん、となるのか?——中国映画第五世代の「成熟」と恋愛

## 『一枚のハガキ』『サンザシの樹の下で』『運命の子』

**★一枚のハガキ/日本二〇一一年/監督=新藤兼人**

「老いてますます盛ん」といえば、まずこれだろう。九八歳の新藤兼人が、上官のくじ引きで生死を決められ、百人のうちたった六人の生還者として戻った戦時の兵役経験という深刻な事実をもとに描いたこの映画、その全編を覆っているのは、そこはかとないユーモアである。

大竹しのぶ演じる農婦友子が戦地の夫に書く「今日はお祭りですが、あなたがいらっしゃらないのでなんの風情もありません」というラブレター。それを貰う無骨で実直そうな夫・六平直政の風貌やことば。極端に省略的な手法で描かれる夫の出征、戦死、夫の弟との再婚、出征、戦死。夫の両親と友子のやりとり。ハガキを託されて、生き残り帰郷した漁師・啓太(豊川悦司)の境遇。一人暮らしになった友子に何かと言い寄り、訪ねて来た啓太との一方的な恋の鞘当のすえ投げ飛ばされる村の世話役(大杉漣)など。どれも戦争によって追い詰められねじ曲げられた生活や、それに苦しむ人々を描きながら、なんともおかしみがあり、折々客席からは笑いがこぼれる。これはなんといってもすごい。

しかもこの映画、きちんと「恋愛」を描く。別に派手なラブシーンがあるわけではないが、ハガキを書く妻と受け取る夫の間の情感、夫を失った妻を訪ねる男と彼女の間に芽生えていく共感など、中年の男女

の感情―愛がこれほどにさりげなく瑞々しく描かれる映画も珍しく、それは、老いてますます瑞々しい新藤監督の感覚でもあるのだと思われる。

新藤監督はこの後二〇一二年に監督現役を貫き、百歳で亡くなった。

さて、恋愛を描いた最近の中国映画といえばこれだろう。新藤に比べればまだまだ子どもの世代、とはいいながら還暦を迎える張芸謀作品だ。

## ★サンザシの樹の下で／中国一〇年／監督＝張芸謀（チャン・イーモウ）

文革の七〇年代、実習先の農村で出会った少女と若者の恋を描く、ちょっとびっくりというほどの純愛映画。少女の父は走資派として批判・投獄され、一家は困窮生活を余儀なくされている。母校の教師を目指す彼女がその環境の中で恋愛をすることは危険であるとして、彼女の母は、二人の気持ちに理解は示しつつも交際を禁じる。しかし、彼らの純愛を引き裂くのは政治というより、実は青年の病気と死であり、この映画は伝統的な難病悲恋物語なのである。男性のほうが不治の病に倒れるというのは映画としては案外少ないパターンかもしれないが。そしてこの青年の所属する「地質調査隊」が実はウラニウムの調査をしており、彼の白血病はその影響であるという見方もあるらしく、だとすればそこには社会批判も込め得るわけだが、映画はそれを強調することはしない。

一つ一つの場面の細やかさはさすがで、冒頭、青年から渡される飴を彼の手に触れぬようにそっとつまんで受け取る少女、奉仕作業の合間にはじける川遊びの場面、青年の入院する病院での一夜、そして最後の別れになる場面での川を挟んでのエア・ハグというのだろうか、彼が思いのたけをそんな形で伝える場面などが心に残る。ヒロイン周冬雨（チョウ・ドンユィ）は素朴ではかなげで清純、映画の中では終始素直に境遇を受け入れる。最後にようやく自分の意志を示して彼に会いに行ったときにはすでに時遅し、というわけで完全な悲劇のヒロインだ。

かつて張芸謀のミューズだった鞏俐や章子怡の演じたヒロインたちのような覇気や向う気の強さは感じられず、それゆえあでやかな華にも乏しく、ただただ可愛らしいこの少女を選んだ張芸謀の目はあたかも孫を愛する祖父？のようだと思えてしまう。対する恋人を演じたショーン・ドウ（竇驍）のほうも絵に描いたような好青年。彼らを囲む村人たちも皆良い人、で人間の描き方に葛藤がないのはやはり、張芸謀も老いたのか、大家の余裕なのか、でもツマラナイ。一作ごとに新しい文体での映画作りを試みる張監督には、もう少し若返ってこちらをドキリとさせるような次回作を期待したい。

一方、第五世代もうひとりの雄、陳凱歌の新作は京劇にもなっている史記の逸話に材をとった時代劇である。素材選びの渋さはさすが老成の大家という感じ。

**★運命の子／中国一〇年／監督＝陳凱歌（チェン・カイコー）**

原作『趙氏孤児』はベツレヘムの嬰児虐殺に歌舞伎の『先代萩』を絡めたような話で、殺されようとする主の子の身代わりに自分の子を犠牲にし、遺児を自ら育てて十五年後に仇討ちを成就させる医師・程嬰を、忠義や仁の体現者として描き京劇の演目にもなっている古典。現代人の感覚からは相当かけ離れたこのような価値観を観客の目に耐えられるものとするために、陳監督は様々な工夫をしている。

春秋時代、晋国の将軍趙氏は手柄を立て、王の姉庄姫を妻として子の誕生も間近だったが、同僚の屠岸賈に妬まれ、その策略で滅ぼされる。そんな中で出産した庄姫は子を主治医の程嬰に預け、趙氏の盟友・公孫杵臼に匿ってもらうように言い自死する。程嬰は子を連れ帰り、同じく出産したばかりの妻に預けて公孫杵臼を訪ねるが、その留守、屠岸賈の子ども狩りがやってきて、自分の子を守ろうとした妻は、預かった子を差し出してしまう。やがて公孫杵臼が遺児を迎えに来るが、窮した程嬰は自分の子を妻ともども公孫臼杵に送り出す。そのほうが子どもが安全だと判断したのである。

さて、子ども狩りにあった親は集まるように命が下り、出向いた程嬰は遺児を自分の子と主張するが、屠岸賈は、では趙氏の子はどこかと問い、言わなければ百人の子どもの命を奪うと脅す。程嬰は結局公孫杵臼の名を明かし、その家に攻め入った屠岸賈は「趙氏の子」と、ともにいた女を殺す。

こうして妻子を失い、悔恨の中で手元に遺児を自分の子として残された程嬰は、仇討ちの機会を狙い子連れで屠岸賈の食客になる。前半は策謀や子どものやり取りを息をつかせずに見せた映画は、後半、同じ陳監督の『北京バイオリン』（〇二年）を思わせる父子の情と葛藤の物語となり、一種のイクメン映画ともなる。育てるうちに父としての愛情がわいてくる程嬰、父とは違った魅力を持つ屠岸賈を慕うようになる息子、それに悩む父程嬰。前半の嫉心・陰謀・残虐の悪役屠岸賈が、趙氏の遺児であることにうすうす気づきながらも、自分を慕う子に惹かれ気にかける姿はリアリティに欠けるようにも思うが、さすが演じるのは王学圻（ワン・シュエチー）で、この難しい、しかし物語の展開に不可欠な性格を、説得性をもって演じきる。

一方の程嬰は葛優（グォ・ヨウ）で、こちらも一見気弱ながら愛と信念を貫く「父」だ。この二人の対決の緊張感は見ごたえがある。幼い息子と父がいつも揃いの着物を着ていて、子どもが初めて学校に行く日、それが色違いになることで子どもの自立を表す現代風な細やかさがおもしろい。

女性は庄姫を演ずる范冰冰（ファン・ビンビン）と程嬰の妻役の海清（ハイ・チン）で、ともに前半で死んでしまうのだが、いずれも自分の子を守るためにそれぞれのやり方で決断をするという役柄。恋愛が前面に出てくるような役柄ではないし、見せ場も多くはなく、物足りない気もしないではないが、作品の中にしっかりとした存在感を示しているのはさすがで、どちらかというと恋愛映画苦手？な陳監督としてはセンスのいい描き方だと思える。

『運命の子』の邦題で日本公開されたこの映画、古典を現代に蘇らせた陳監督の快打撃ぶりに「成熟」を感じさせられる一本だ。


（二〇一一・一一　No.48）

## 「パン・ホーチョンお前は誰だ⁉」誰なんだろう⁉

### 『ドリームホーム』『AV』『ビヨンド・アワ・ケン』

パン・ホーチョン（彭浩翔）といえば、映画祭ではあっという間に切符完売の人気監督。そのうえ劇場公開の機会も限られていてなかなか見ることができない。

私自身の鑑賞歴はといえば、〇六年春、『イザベラ』（本書第V章に紹介した）公開直前の香港～武漢を旅していて、旅の後を追ってくるような公開日とどうしても足並みが合わなくて結局見られず、武漢で『イザベラ』先行特集として上映されていた『ビヨンド・アワ・ケン』（北京語吹き替え、字幕無し）をようやく見たとか、〇五年『AV』公開時の香港、深夜上映と題名に恐れをなし（というか内容よりもどんな観客が来るかを恐れた）恥ずかしながら女一人の足が遠のいて結局見損なったとか、情けない思い出がやはり多い。

東京国際映画祭でも毎年チケット発売日十時からトライするのだが、切符が手に入りにくく、見たのは〇八年の『些細なこと』、一二年『恋の紫煙2』ぐらい。『恋の紫煙2』は最後の一枚？で、最前列のゆがんだ大場面で首は痛く目が回りそうという鑑賞だった。ちなみに一三年は新作上映はなかったようである。

一一年五～六月には『パン・ホーチョンお前は誰だ⁉』銘打つ第一弾特集上映が行われたが、これはレイト・ショーだったので東京周辺部の住人としてはきつかった。『低俗喜劇』（一三年大阪アジアン映画祭）、『イザベラ』（〇八年都内特集上映）など一部は劇場で見ることができたが、あとはほとんど香港版のDV

Dで見たり、『出エジプト記』(〇七年)など、今だに見られないでいる作品もある。

というわけで、一三年八月末から九月にかけて都内で行われた特集上映『パン・ホーチョンお前はやっぱり誰だ!? (第2弾)』を楽しみに、といってもパン・ホーチョン自身の出演で大変賑わったというトークショウ当日には都合で行けず、新作を見る余裕もなく、今までに見落としたり、DVDでしか見ていなかった旧作中心に見に行く。

**★ドリームホーム/香港一〇年/監督=彭浩翔(パン・ホーチョン)**

日本初の劇場公開作になっただけあって、なんといってもインパクトの強い、オソロしい映画だ。なにしろ九六分の映画の中で殺されるのが十一人とも、胎児を入れて十二人とも、いや十三人ともいうべきか。オーシャンビューの美しい「ビクトリアマンション」で同じ夜、短時間に十一人、それぞれ別の殺し方で殺される。撲殺、刺殺、窒息死、切断と殺しの場面がこれでもかこれでもかと続く。犯人は銀行で電話営業をする女性チェン(ジョシー・ホー=何超儀)。血まみれも怪我もものともせず冷酷に殺していく場面と、狭いアパートでつつましく暮しながら母の死を看取り病気の父を介護し、弟と暮す場面、そして立ち退きを迫られた旧居で近所の少年と糸電話で遊ぶ幼い日、浜辺で一日海を眺めて暮す祖父とのやりとりなどが叙情的に描かれる。大きくなったら祖父に海の見える家を買ってあげると約束し、祖父はもちろん、結局母にもその約束は果たせないまま、住宅価格は高騰し、父は病気で手術が必要、家を買うために貯めた貯金では目指すビクトリアマンションの部屋には手が届かない。大量殺人はこのマンションを手に入れるための彼女の大決断というわけだ。

頑張っているのに希望は遠のく一方で、追い詰められていく主人公の心の闇には切なさも感じさせられるのだが、それにしてもその殺しは、それを作る側も楽しんでいるのではないかと思えるような凄惨・残虐の連続で、特に妊婦の殺しのシーンなどは目を背けたくなる。血みどろでは負けていないと思えるのは園子温の『冷たい熱帯魚』（一〇年）『地獄でなぜ悪い』（一三年）あたりだが、数とバリエーションの執拗さでは、こんな映画見たことない！

**★AV／香港〇五年／監督＝彭浩翔（パン・ホーチョン）**

まもなくの卒業を控えて、まだ進路も決まらないグータラ大学生四人が、ひょんなことから日本のAV女優を招いてAV映画を作るフリをして、主演男優として彼女をナンパしちゃおう！と企画するお話。男の子たちの話なので下ネタ・スラング満載（みたい）だし、AV女優のマネージャーの役名が「暉峻創三」！というお笑い風・日本人向け？ネタだったり、主人公がおバカ丸出しで飽きずにさまざまな障害を乗り越えていくのが笑えるが、基本的にはすごくマジメな成長物語で、資金調達や利益計算、配当割り当てなど商学部で学ぶことを実地に経験したと述懐し、就職面接にも断然自信を持つとか、AV女優の職業意識に背筋を正されてしまうとかして若者たちは少しずつ社会人になっていくのだ。

作品の舞台は現代なのだが、七〜八〇年代の学生運動や社会問題が織り込まれ、学生たちが「遅れてきた」青年としての認識を持っているのが興味深く、社会人になった彼らの二〇年後の姿は『低俗喜劇』（一二年）で悪戦苦闘する主人公のプロデューサーとも重なる。

★ビヨンド・アワ・ケン／香港〇四年／監督＝彭浩翔（パン・ホーチョン）

原題『公主復仇記』は「姫の仇討」。若い女性二人が主人公なので、さすがに汚らしさや下ネタ度は低いし、スプラッターでもホラーでもないが、これも怖い映画だ。元カノが今カノを巻き込んで自分をフッたカレシに復讐を果たすという物語。一応コメディ仕立てだし、二人の女性を演じるジリアン・チョン（鐘欣桐）も陶紅（タオ・ホン）も可愛いし、口先は優しいイケメンだが、付き合った女の子とのベッドシーン写真のコレクションをしているという、どうしようもない軽薄男子がダニエル・ウー（呉彦祖）という豪華なキャスティング。

カラオケ屋？で働き、恋人ケンとつきあうラン（陶紅）を見知らぬ女性ジン（ジリアン）が突然訪ねてくる。教師だった彼女は元恋人のケンが別れた後ネット上に公開したヌード写真のために職を失い、また彼にB型肝炎を移されたと言う。ネットの写真を見せられたランは、彼のPCから写真を消去したいと言うジンを手伝うことになり、肝炎の検査も受ける。半信半疑から始まり、協力してケンの部屋に入ろうとしながら、互いの思いを聞き合ううちに、ランの中にケンへの不信やジンとの友情が芽生え育っていく、その過程が説得力をもって描かれる。二人は協力してPCを壊し、ケンへの「復讐」を果たすが…実は…最後のどんでん返しで、この痛快な、心を震わすようなガーリームービーが、「復讐」に二重の意味を隠した心理ミステリーだったことが明らかになる。注意して見ていれば伏線はたくさんあるのだが、でも騙された。そして、さらにそのあとランの唇に微かに浮かぶ笑み…これも怖い。パン・ホーチョンの中にある女性への皮肉な眼を感じさせられた映画。

スラング・下ネタ満載、ホラーありスプラッターあり、ブラックコメディあり。いっぽうで『イザベラ』のように情感に満ちた映画あり、社会派でもある。どの映画もテンポよく、描かれた街はよく雰囲気を映し出し、魅力的で、その中に身を置きたくなる。

特集上映のキャッチコピーでは〝香港のタランティーノ〟〝次世代のウォン・カーウァイ〟とも称されるとのことだが、〝香港の宮藤官九郎〟〝香港の園子温〟なんてのもありかな?

それほどに多面的な顔を持つ「やっぱりお前は誰だ!?」なパン・ホーチョンなのである。

(二〇一三・一一　No.56)

## 「わかりやすさ」は世界に訴える？

### 『罪の手ざわり』『パリ、ただよう花』

難解だからいいというわけではもちろんないが、あまりにわかりやすい映画というのも物足りない。映画を見る喜びの一つにわからなさに悩むということもあるような気がする。もちろんずっとわからないままでは眠くなるのが落ちだが、作者のペースで物語が進む中でいくつもの謎を仕掛けられ、宙づりになり、予想もしなかった展開があり、悩みながら、でも自分の洞察を超えた着地になるほどと納得し、謎も解ける、というのが映画らしさの醍醐味だろう。これはサスペンス・ミステリーに限ったことではない。

さて、そういう眼でみたとき、ちょっとわかりやすすぎないか？という作品も……。

**★罪の手ざわり／中国・日本 二〇一三年／監督＝賈章柯（ジャ・ジャンクー）**

カンヌ映画祭で脚本賞を受賞した賈章柯、七年ぶりの長編劇映画。四つの地域で実際に起きた事件をパートごとに描き、四人の俳優がそれぞれの主役を演じている。

兄・姜文に風貌がますます似てきた姜武（チァン・ウー）演じる大海（ダーハイ）は、山西省の炭鉱会社の社長や管理職による不正や搾取を訴え続けるが、相手にされず、怒りの果てに猟銃連射事件をおこす。

映画冒頭、バイク走行中に追い剥ぎに遭い、相手三人を短銃で撃ち殺したあと大海とすれ違うのは長江沿いの村から出稼ぎにきた男・周三児（王宝強＝ワン・パオチァン）。彼は故郷に戻り母の古稀を祝い、家族との平安なひと時を過ごした後、「殺人の味」を忘れられず、銀行から出てきた男女を襲う。趙濤（チャオ・タオ）演じる湖北の女性・小玉（シャオユー）は別れた男の妻に暴力を振るわれ、また勤め先のサウナで客に性的なサービスをしつこく強要され、キレて相手を刺し殺す。その、別れた男が経営するランドリーで働く青年・小輝（羅藍山＝ルオ・ランシャン）は母から金をせびられる生活に疲れて転職し、勤めたナイトクラブの同僚に恋し、コスプレで客に性的奉仕をしなくてはならない彼女に同情する。しかし思いもしなかった彼女の実像に驚きたじろぎ、逃げ出して職を転々としたあげく自らを殺す。

最後に、出所した小玉が山西の会社に求職にきて、最初のエピソードで殺された社長の夫人の面接を受けて円環が完成し、物語は多分次の「罪」への始まりとなるのだろう、終わりのない終わりを迎える。

東京フィルメックスに寄せたビデオ・メッセージで、賈章柯監督は「中国の社会状況の変化による貧富の格差の中で人格の危機に直面した人々にとって、暴力に訴えることが、弱者が圧力に対抗し尊厳を回復するための直接的・即効的な方法となっている」とし、「これらの事件は伝統的な武侠映画と関係がある」とも言った。貧しいながら家族関係ではほどほどに幸福そうな男の殺人や、青年の自殺までが「罪」として描かれるところを見れば、作者は必ずしもこれらの暴力＝「罪」を、「尊厳の危機への対抗手段」＝「武侠」として肯定しているのではないだろう。だが、人々はやむなく逃れられない運命として、「罪」に触れざるを得ない。それが原題『天注定（天の定め）』、そして英題『A Touch of Sin』の意味なのだろうと思う。邦題の「手ざわり」はムード的な感じが強すぎて、少し違和感がある。

余力為（ユー・リクウァイ）のカメラは、あたかもその場にいるような臨場感をもって美しく、長江の沿岸や船内シーンなどは『長江哀歌』（〇六年）とそっくりで、かつそこから重さを取り去った感じ。京劇を使った音楽などもいかにも賈章柯の世界である。

冒頭、リンゴを積んだトラックが転覆し路上に真っ赤なリンゴが転がり散らばる、その不穏な鮮やかさ。続く、バイクで走り去る男を見送りながらリンゴを齧るダーハイの、その背後でトラックが爆発炎上するシーンも印象的だ。また、自分の馬を延々と鞭打ち、ダーハイに殺される馬方の虐待の異様さや、シャオユーを打ちのめす男の繰り返す暴力の執拗さなども「異文化」を感じさせられ戦慄するほど。「異文化」といえば、監督自身も出演している広東のコスプレナイトクラブの女性たちの露出の多い軍服風姿の異様な行進もそうだ。また、長江沿いを息子と歩く周の穏やかな姿が次の犯罪場面に直結して行く、彼のそういう暗部の示唆など、あらゆる場面・エピソードが、「罪」が喚起される要素として説得力をもって描かれる。

説明抜きでそれは伝わってくるし、ほとんど宙づり状態（サスペンス）の感覚なしに、観客は作者の敷いたレールを走って行ける。言いたいことは過不足なく言いきって、しかもきわめてわかりやすい映画としてできあがった、ある意味稀有な作品という印象である。一二九分という長さに普通の映画四本分とも言える題材を盛り込んでこれだけ、すっきり分かりやすく、しかもミステリーっぽくまとめるというのはさすがカンヌ脚本賞だと思う。

と、言いつつ、その分かりやすさに物足りなさも感じないではない。ここに描かれているのは、「罪」、ただその一極に向かって進む人であり、その人が起こした事件であって、「罪も犯す人間」ではないように思われるのである。賈章柯作品には珍しく「行為」＝「事件」で話が進んでいくからかもしれない。

賈章柯と同じく、国内では受け入れられずおもに海外に発信してきたロウ・イエの最近の日本公開作にも同じような感じを持った。

### ★パリ、ただよう花／仏・中国一一年／監督＝婁燁（ロウ・イエ）

ネット小説が原作というこの作品、こちらは「性愛」一極に向かって進む女性（コリーヌ・ヤン）、そしてその「性愛」と「行為」を描くが、この行為の元にあるのがパリという西欧の都会で寄る辺なく漂っているような境遇、そういう存在への不安なのだろうということが、この女性の表情にも行動にもあふれ漂い、痛々しくわかりやすい。この女性はパリに留学し、北京に帰ればポストが約束され求婚者もいるという、客観的には恵まれた自由な女性なのだが、それゆえになお、他者と繋がれないという不安が強いということなのだろうか。

相手となるのはアラブ系の建設工（タハール・ラヒム）で、人当たりは良いが、初対面の日にレイプまがいの性交を迫ったり、友人と組んで彼女を陥れレイプさせようとしたりという、まあ、トンデモないヤツ。こういう男を彼女の相手として愛させようとするのはレイシズムではないかと勘ぐりたくなる。そして二人の恋は予想通りに展開し、予想通りに着地する。彼女が再び迷える子として街を彷徨するのも予想通り。映画の三分の二はセックスシーンという「行動」と、これもわかりやすく、なぜか（というか、やっぱり）平日昼間の映画館にも関わらず、観客の九割以上は、普段こんなアート系の劇場では姿をあまり見ない男性諸氏。

撮影は『罪の手ざわり』と同じ余力為。くすんではいるが、臨場感のあるパリの雑踏、現代的な街としての北京、主演二人の魅力と相反するアンニュイさ不可解さを映し出したカメラワークは見事。だけど映画としては疲れる。
　中国国内よりも世界に向けて仕事をしてきた二人の監督、目指す方向はもちろん同じではないが、この共通するわかりやすさ、もしや世界に向けての普遍的なわかりやすさと、思っているとしたら？……あなどるなかれ、世界を、と言いたいところだ。

（二〇一四・四　No.58）

ドニー・イェン　甄子丹　129
とよかわえつし　豊川悦司　197
トン・ダーウェイ　佟大為　82, 101, 110, 175

## 【な】

なかいずみひでお　中泉英雄　46, 48, 66
なかのりょうこ　中野良子　23
なかむらしどう　中村獅童　132
ニー・ダーホン　倪大紅　165
ニック・チョン　張家輝　146

## 【は】

ハー・フォンミン　和鳳鳴　28, 72
ばいしょうちえこ　倍賞千恵子　48
ばいしょうみつこ　倍賞美津子　23
ハイ・チン　海清　201
パウ・ヘイチン　鮑起静　149
ハオ・レイ　郝蕾　57
パット・モリタ　156
はらだよしお　原田芳雄　24
ハン・サンミン　韓三明　190
ビビアン・スー　徐若瑄　136
ファン・イーチェン　范逸臣　63
ファン・ビンビン　范冰冰　110, 119, 201
ファン・リージュン　方力鈞　103
フー・ジュン　胡軍　86
フー・ジンファン　胡靖釩　20
フー・ダーロン　富大龍　25
フェイ・ウォン　王菲　87
フランシス・ン　呉鎮宇　86, 146
ブルース・リー　李小龍　129, 132
ホアン・シャオミン　黄暁明　175

## 【ま】

マギー・チャン　張曼玉　88
マギー・Q　122
ミッシェル・イエ　葉璇　136
ミッシェル・ヨウ　楊紫瓊　178
むさかなおまさ　六平直政　197
ももいかおり　桃井かおり　178

## 【や】

やくしょこうじ　役所広司　179
ヤン・イクチュン　105
ヤン・ニー　閻妮　159
ヤン・ミー　楊冪　173
ユー・ナン　余男　33, 112, 113

## 【ら】

ラウ・チンワン　劉青雲　135, 137, 141
ラム・カートン　林家棟　126, 131
ラム・シュー　林雪　96, 126
リー・カンション　李康生　184
リー・ビン　李濱　43
リー・ビン　李濱　163
リッチー・レン　仁賢齋　135, 136, 139, 140
リャオ・チン　廖琴　94
リュイ・リーピン　呂麗萍　19
リュウ・イエ　劉燁　194
リュウ・シャオチン　劉暁慶　94
リン・チーリン　林志玲　122
リン・チンタイ　林慶台　76
リン・ツォンレン　林宗仁　63
ルイス・クー　古天楽　134, 135, 137
ルオ・ランシャン　羅藍山　208
ルビー・ウォン　黄卓玲　97
レオン・カーファイ　梁家輝　110
レオン・ライ　黎明　87, 135
レスリー・チャン　張國榮　87, 91, 123, 152, 153, 154

## 【わ】

わたなべけん　渡辺謙　179
わたべあつろう　渡部篤郎　83
ワン・シュエチー　王学圻　200
ワン・バオチァン　王宝強　166, 208

えもとあきら　柄本明　70
エリック・コット　葛民輝　88
エリック・ツァン　曽志偉　86
おおすぎれん　大杉漣　197
おおたけしのぶ　大竹しのぶ　197
おのまちこ　尾野真千子　127

## 【か】

カオ・ユァンユァン　高圓圓　163
かがわてるゆき　香川照之　70
かねしろたけし　金城武　24
カリーナ・ラウ　劉嘉玲　86, 87
きむらたくや　木村拓哉　87
クー・チェンドン　柯震東　173
グォ・シャオドン　郭暁冬　57
グォ・ヨウ　葛優　189, 200
くどうゆうき　工藤夕貴　178
クリスチャン・ベール　82
クリント・イーストウッド　41
ケリー・チャン　陳慧林　98
コリーヌ・ヤン　210
コン・リー　鞏俐　80, 178, 194, 199

## 【さ】

サイモン・ヤム　任達華　96, 107, 126, 134, 139, 146
さなだひろゆき　真田広之　180, 181
シア・ユィ　夏雨　53
ジェイ・チョウ　周傑倫　195
ジェイデン・スミス　156
ジェット・リー　李連傑　132, 138
ジェラルド・バトラー　93
ジャッキー・チェン　成龍　120, 156
ジャッキー・チュン　張学友　123
シュイ・ホアンシャン　許還山　42
シュー・アジュン　許亜軍　20
シュー・ジンレイ　徐静蕾　101, 122
シュー・ファン　徐帆　38
シュー・ミンシア　徐敏霞　19
ジュノ・レオン　梁進龍　149
ジリアン・チョン　鐘欣桐　205
ジョアン・チェン　陳冲　32
ジョウ・シュン　周迅　163, 188
ショーン・ドウ　竇驍　199
ショーン・ユウ　余文楽　86
ジョシー・ホー　何超儀　88, 146, 203
ジョニー・アリディ　126
ション・ダイリン　熊黛林　130
ジン・クイ　靖奎　35
スー・チー　舒淇　24, 182
すずきみき　鈴木美妃　47
スン・ホンレイ　孫紅雷　134, 159
セシリア・チャン　張栢芝　95, 98

## 【た】

タオ・ホン　陶紅　205
たかくらけん　高倉健　23, 180
たなかちえ　田中千絵　63
ダニエル・ウー　呉彦祖　95, 135, 137, 187, 205
タハール・ラヒム　210
タン・ウェイ　湯唯　32
ダン・チャオ　鄧超　175
ダン・ホン　丹紅　47
チァン・ウー　姜武　207
チァン・ウェン　姜文　102, 207
チェリー・イン　應采児　98
チェン・シーシユウ　陳璽旭　46
チェン・シャオチー　陳湘琪　184
チェン・シュエトン　陳学冬　174
チェン・スーチェン　陳思成　152
チェン・タオミン　陳道明　40, 80, 87
チャオ・タオ　趙濤　190, 208
チャップマン・トー　杜汶澤　148
チャン・ジンチュー　張静初　38, 107
チャン・チェン　張震　31, 87, 152, 182
チャン・ツーイー　章子怡　78, 88, 178, 188, 199
チャン・ドンゴン　180
チョウ・ドンユィ　周冬雨　199
チョウ・ユンファ　周潤發　189, 194
チン・ジュンジエ　秦俊傑　195
チン・ハイルー　秦海璐　20
チン・ハオ　秦昊　48, 152
ツイ・リン　崔林　163
ティエン・ユエン　田原　50, 90
ディニー・イップ　葉徳嫻　41
デニス・トー　杜宇航　132
デニス・ホー　何韻詩　141
てらしましのぶ　寺島しのぶ　181
トニー・レオン　梁朝偉　32, 78, 86, 88, 123, 133, 152

**【は】**

| | | |
|---|---|---|
| ハー・ピン | 何平 | 118 |
| ハーマン・ヤウ | 邱禮濤 | 132, 133 |
| パク・ハク | | 54 |
| ハスチョロー | 拾斯朝魯 | 34 |
| ハラルド・ズワルト | | 156 |
| ハン・ジエ | 韓傑 | 166, 167 |
| パン・ホーチョン | 彭浩翔 | 148, 202, 203, 204, 205 |
| P・ミルカニ | | 52 |
| ピーター・チャン | 陳可辛 | 120, 174 |
| ピエール・モレル | | 124 |
| フー・シンウ | 胡新宇 | 28 |
| フォン・シャオガン | 馮小剛 | 37, 75, 120, 187 |
| フォ・ジェンチー | 霍建起 | 103 |
| フランコ・ゼフィレリ | | 14 |
| フローリアン・ガレンベルガー | | 69 |
| フローリアン・ヘンケル・フォン・ドナースマルク | | 70 |
| ベニー・チャン | 陳木勝 | 159 |
| ホウ・シャオエン | 侯孝賢 | 182 |
| ポン・シャオレン | 彭小蓮 | 19 |

**【ま】**

| | | |
|---|---|---|
| マーチン・スコセッシ | | 116 |
| マイケル・ムーア | | 14 |
| マシュイ・ウェイバン | 馬徐維邦 | 91 |
| みのりかわおさむ | 御法川修 | 41 |
| ミヒャエル・ハネケ | | 70 |

**【や】**

| | | |
|---|---|---|
| やまだようじ | 山田洋次 | 23 |
| ヤン・イクチュン | | 105, 107 |
| ヤン・ジン | 楊瑾 | 168, 169 |
| ヤンヤン・マク | 麥婉欣 | 88 |
| ユエン・ムージー | 袁牧之 | 53 |
| ユー・カンピン | 虞戡平 | 189 |
| ユー・ジョン | 兪鐘 | 19 |
| ユー・リークァイ | 余力為 | 208, 210 |

**【ら】**

| | | |
|---|---|---|
| ラージクマール・ヒラニ | | 175 |
| リー・チーシアン | 李継賢 | 30 |
| リー・ピンビン | 李屏賓 | 127 |
| リー・ユー | 李玉 | 110 |
| リー・ファンファン | 李芳芳 | 153 |
| リュウ・ジュアン | 劉娟 | 172 |
| リュウ・ジエ | 劉傑 | 163 |
| リュウ・ビンジェン | 劉冰鑒 | 93 |
| リュック・ベッソン | | 124 |
| リンゴ・ラム | 林嶺東 | 134 |
| ルー・チュアン | 陸川 | 66 |
| レスリー・チャン | 張國榮 | 91 |
| ロウ・イエ | 婁燁 | 57, 151, 210 |
| ロー・ウィンチョン | 羅永昌 | 136 |
| ロー・ウェイ | 羅維 | 132 |
| ロー・チーリョン | 羅志良 | 95 |
| ロニー・ユー | 于仁泰 | 91, 132 |
| ロバート・ロレンツ | | 41 |
| ロブ・マーシャル | | 178 |

**【わ】**

| | | |
|---|---|---|
| ワン・チュエンアン | 王全安 | 33, 112 |
| ワン・シャオシュアイ | 王小帥 | 113, 161 |
| ワンビン | 王兵 | 14, 28, 71 |


# 《　俳優・出演者索引　》


**【あ】**

| | | |
|---|---|---|
| あたりこうすけ | 中孝介 | 63 |
| アレックス・フォン | 方中信 | 95 |
| アンソニー・ウォン | 黄秋生 | 86, 126, 133, 136, 146 |
| アンソンギ | 安聖基 | 117 |
| アンディ・ラウ | 劉徳華 | 24, 41, 86, 117 |
| アンバー・クォ | 郭采潔 | 173 |
| いけうちひろゆき | 池内博之 | 130 |
| イザベラ・リョン | 梁洛施 | 148 |
| イップ・チュン | 葉準 | 132 |
| イン・ジ | 尹治 | 94 |
| ヴィッキー・チャオ | 趙薇 | 102, 122, 172 |
| ウィル・スミス | | 156 |
| ウー・ティエンミン | 呉天明 | 42 |
| ウルリッヒ・トゥクル | | 70 |
| エディソン・チャン | 陳冠希 | 86 |

# 《 監督・スタッフ索引 》


**【あ】**

アラン・マック　麥兆輝　86, 93, 98, 116, 135, 137
アンドリュー・ラウ　劉偉強　86, 93, 98, 116
アンドリュー・ロイド・ウェーバー　91
アン・ホイ　許鞍華　41, 106, 148
アン・リー　李安　32, 187
イー・トンシン　爾冬陞　95, 120
いけやかおる　池谷薫　17, 22
イブ・モンマユー　139
ヴィッキー・チャオ　趙薇　172
ウィルソン・イップ　葉偉信　129
ウー・イーファン　呉乙峰　16
ウー・ティエンミン　呉天明　42, 44
ウェイ・ダーション　魏徳聖　62, 75, 125
ウォン・カーワイ　王家衛　32, 78, 87, 89, 122, 132, 152
おおつかりゅうじ　大塚竜治　164
おくはらひろし　奥原浩志　46

**【か】**

かわぐちひろふみ　川口浩史　127
かわせなおみ　河瀬直美　27
カン・ジェギ　121
ギデンス・コー　九把刀　171
キム・ソンス　118
グォ・ジンミン　郭敬明　173
くどうかんくろう　宮藤官九郎　206
クリストファー・ドイル　103
クリント・イーストウッド　37
ゴードン・チャン　陳嘉上　138

**【さ】**

さとうじゅんや　佐藤純彌　22
G・エレバラ　52
シャオ・チアン　小江　52, 54
ジェイコブ・チャン　張之亮　117
J・ディヴィッド・ライヴァ　14
ジェームズ・キャメロン　62
シェ・トン　謝東　20
ジャ・ジャンクー　賈樟柯　29, 167, 189, 207
ジャン・クーミン　張克明　18
ジャン・チンミン　蔣欽民　48
ジュリー・ティモア　14
コーエン・J & E　158
ジョエル・シュマッカー　91
ジョニー・トー　杜琪峯　93, 96, 126, 134, 139, 140, 146
ジョン・G・アヴィルドセン　156
ジョン・ウー　呉宇森　76, 98, 120
ジョン・マッデン　44
しんどうかねと　新藤兼人　197
スタンリー・クァン　關錦鵬　89
ステファン・ロブラン　44
スン・ダオリン　孫道臨　192
そのしおん　園子温　204, 206

**【た】**

ダイ・スージエ　戴思傑　54
ダニエル・リー　李仁港　120
たねだようへい　種田陽平　76, 82
ダンテ・ラム　林超賢　135
チー・ジェン　戚建　25
チアン・ウェン　姜文　52
チェン・カイコー　陳凱歌　19, 42, 94, 118, 154, 179, 199
チャン・イーモウ　張芸謀　21, 24, 43, 80, 81, 103, 118, 158, 165, 178, 180, 187, 193, 198
チャン・ユエン　張元　100, 102
チャン・ヤン　張楊　42, 54
チュ・イッキ　54
チン・シウトン　程小東　138
ツァイ・ミンリャン　蔡明亮　184
ツイ・ハーク　徐克　134
ティエン・チュアンチュアン　田壮壮　21, 31
ディン・インナン　丁蔭楠　22
デヴィッド・R・エリス　159

**【な】**

なかえゆうじ　中江裕司　14
ニン・ハオ　寧浩　22

## 【や】


やがて哀しき復讐者　報応／2011／香港／羅永昌……136
夜間飛行　慌心假期／2001／香港／張之亮(ジェイコブ・チャン)……119
夜半歌声　1937／中国／馬徐維邦……91
夜半歌聲　逢いたくて、逢えなくて　夜半歌聲／1995／香港／于仁泰(ロニー・ユー)……91
善き人のためのソナタ　Das Leben der Anderen／2006／独／F・H・フォン・ドナースマルク……70
欲望の翼　阿飛正伝／1990／香港／王家衛……87, 152
夜と霧　天水圍的夜與霧／2009／香港／許鞍華(アン・ホイ)……106


## 【ら】


雷雨　1984／中国／孫道臨……192, 194
楽園の瑕　東邪西毒／1994／香港／王家衛……123
楽日　不散／2003／台湾／蔡明亮……185
ラスト、コーション　色・戒　色・戒／2007／中国・香港・米／李安(アン・リー)……32
ＬＯＶＥＲＳ　十面埋伏／2004／中国／張芸謀……178, 181, 187
藍宇　情熱の嵐　藍宇／2001／中国・香港／關錦鵬(スタンリー・クァン)……89
流星　流星語／1999／香港／張之亮(ジェイコブ・チャン)……119
緑色包囲　2002／中国／張克明……18
緑茶　緑茶／2003／中国／張元……102
玲玲の電影日記　夢影童年／2004／中国／小江……52
レッドクリフ　赤壁／2008／米・中国・日本・台湾・韓国／呉宇森(ジョン・ウー)……120
レッドクリフ　パートⅡ　赤壁　決戦天下／2009／米・中国・日本・台湾・韓国／呉宇森(ジョン・ウー)……120, 122
籠民　1992／香港／張之亮(ジェイコブ・チャン)……119
ロスト・イン・北京　苹果／2007／中国／李玉……110


## 【わ】


ワイルドサイドを歩け　頼小子／2006／中国／韓傑……167
我らが愛に揺れる時　左右／2008／中国／王小帥……113
ワンダーガール　東方三侠／1993／香港／杜琪峯(ジョニー・トー)……97
ワンナイト・イン・モンコック　旺角黒夜／2004／香港／爾冬陞……95, 98

## 【は】


| | |
|---|---|
| 白蛇伝説　ホワイトスネーク | 白蛇伝説／2011／香港／程小東……138 |
| 初恋の来た道 | 我的父親母親／2000／中国・米／張芸謀……43, 103, 178 |
| 初恋未満 | 2011／中国／劉娟……172 |
| 花を売る乙女 | 1972／北朝鮮／パク・ハク　チュ・イッキ……54 |
| パリ、ただよう花 | Love and Bruises／2011／中国・仏／婁燁……61, 210 |
| パリより愛をこめて | From Paris with Love／2010／仏／ピエール・モレル……124 |
| 春の惑い | 小城之春／2002／中国／田壮壮……21 |
| ヒアアフター | Hereafter／2010／米／クリント・イーストウッド……37 |
| ＰＴＵ | 2003／香港／杜琪峯（ジョニー・トー）……96 |
| ＨＥＲＯ　英雄 | 英雄／2002／中国・香港／張芸謀……118, 181 |
| 東 | 2006／中国／賈樟柯……29 |
| 百年恋歌 | 最好的時光／2005／台湾／侯孝賢……182 |
| ビヨンド・アワ・ケン | 公主復仇記／2004／香港／彭浩翔……202, 205 |
| 広場 | 1994／中国／張元……100 |
| 鳳鳴―中国の記憶 | Chronicle of a Chinese Wooman／2007／仏・中国／王兵……28, 72 |
| 胡同のひまわり | 向日葵／2005／中国／張楊……54 |
| 胡同の理髪師 | 剃頭匠／2006／中国／拾斯朝魯……34 |
| ブエノスアイレス | 春光乍洩／1997／香港・日本／王家衛……87, 89, 152 |
| ふぞろいの林檎たち（TVドラマ） | 1983／日本／山田太一原作　鴨下信一ほか脚本……174 |
| 冬に生まれて | 二冬／2008／中国／楊瑾……168 |
| ブラザー・フッド | 2004／韓国／カン・ジュギ……121 |
| ブラッド・シンプル | Blood Simple／1984／米／ジョエル&イーサン・コーエン……158 |
| フリーダ | Frida／2002／米・カナダ・メキシコ／ジュリー・ティモア……14 |
| 故郷の香り | 暖／2003／中国／霍建起……103 |
| ブレイキング・ニュース | 大事件／2004／香港／杜琪峯（ジョニー・トー）……93, 98 |
| ＰＲＯＭＩＳＥ　無極 | 無極／2004／中国・日本・韓国／陳凱歌……118, 179, 181 |
| 北京ヴァイオリン | 和你在一起／2002／中国／陳凱歌……19, 200 |
| 北京の自転車 | 十七歳的単車／2000／中国／王小帥……161, 164 |
| 北京バスターズ | 北京雑種／1992／中国／張元……100 |
| ベスト・キッド | The Karate Kid／1984／米／ジョン・G・アヴィドルセン……156 |
| ベスト・キッド | The Karate Kid／2010／米／ハラルド・ズワルト……156 |
| ヘブン・アンド・アース天地英雄 | 天地英雄／2003／中国・米／何平……118 |
| ボーリング・フォー・コロンバイン | Bowling for Columbine／2002／米／マイケル・ムーア……14 |
| 墨攻 | 2007／中国・香港・韓国・日本／張之亮（ジェイコブ・チャン）……117 |


## 【ま】


| | |
|---|---|
| 街角の天使 | 馬路天使／1937／中国／袁牧之……53 |
| マッスル・モンク | 大隻佬／2003／香港／杜琪峯（ジョニー・トー）……98 |
| マリーゴールドホテルで会いましょう | The Best Extoic Marigold Hotel／2011／英・米・アラブ／ジョン・マッデン……43, 44 |
| ミスター・ツリー | 樹先生／2011／中国／韓傑……166 |
| ミッシング・ガン | 尋槍／2001／中国・米／陸川……66 |
| みんなで一緒に暮したら | Et si on vivant tous ensemble?／2011／仏・独／ステェファン・ロブラン……44 |
| 無言歌 | 夾辺溝／2010／中国・香港・ベルギー／王兵……71 |
| ＭＵＳＡ〈武士〉 | 2010／韓国／キム・ソンス……118 |
| 無用 | 2007／中国／賈樟柯……29 |

セルラー　Cellular／2004／米／デヴィッド・R・エリス……159
１９７８年、冬　西幹道／2007／日本・中国／李継賢……30
戦場のレクイエム　集結号／2007／中国／馮小剛……75, 120
So Young ～過ぎ去りし青春に捧ぐ～　致我们終将逝去的青春／2013／中国／趙薇(ヴィッキー・チャオ)……172


## 【た】

タイタニック　Titanic／1997／米／ジェームズ・キャメロン……62
太陽の少年　陽光燦爛的日子／1994／中国・香港／姜文……52
桃(タオ)さんのしあわせ　桃姐／2011／中国・香港／許鞍華(アン・ホイ)……41
黄昏のかなたに　飛越黄昏／1989／香港／張之亮(ジェイコブ・チャン)……119
ただいま　過年回家／1999／中国／張元……100
奪命金　2011／香港／杜琪峯(ジョニー・トー)……140
ダブルタップ　槍王／1997／香港／羅志良……95
垂乳女　2007／日本／河瀬直美……27
単騎千里を走る　単騎走千里／2005／中国／張芸謀……24, 180
中国の小さなお針子　巴爾扎克与小裁縫／2002／中国・仏／戴思傑……54
春花開(チュンホアカイ)　プラスティック・フラワーズ／2004／中国／劉冰鑾……93
長江哀歌　三峡好人／2006／中国／賈樟柯……29, 167, 189, 209
罪の手ざわり　天注定／2013／中国・日本／賈樟柯……207, 210
冷たい雨に撃て、約束の銃弾を　復仇／2009／香港・仏／杜琪峯(ジョニー・トー)……126
冷たい熱帯魚　2010／日本／園子温……204
低俗喜劇　2012／香港／彭浩翔……202, 204
鉄西区　2003／中国／王兵……14, 28
デパーテッド　The Departed／2006／米／マーチン・スコセッシ……116
天安門、恋人たち　頤和園／2006／中国・仏／婁燁……57, 151
天狗　2006／中国／戚建……25
東京に来たばかり　2012／日本・中国／蒋欽民……48
唐山大地震　2010／中国／馮小剛……37
冬至　2003／中国／謝東……20
東邪西毒　終極版　2008／香港／王家衛……122
鄧小平　2003／中国／丁蔭楠……22
搭錯車　1983／台湾／虞戡平……189
盗聴犯　死のインサイダー取引　竊聴風雲／2009／香港／麥兆輝(アラン・マック)……135, 137
盗聴犯　狙われたブローカー　竊聴風雲２／2011／香港／麥兆輝(アラン・マック)……137
トゥヤーの結婚　図雅的婚事／2006／中国／王全安……33, 112
ドラゴン怒りの鉄拳　精武門／1971／香港／羅維……132
ドリームホーム　維多利亜一号／2010／香港／彭浩翔……203
トロッコ　2009／日本／川口浩史……127


## 【な】

涙女　哭泣的女人／2002／カナダ・仏・韓国／劉冰鑾……93
南京!南京!　2009／中国／陸川……66, 69
二重生活　浮城謎事／2012／中国・仏／婁燁……61
2046　2004／香港／王家衛……87
女人四十　1995／香港／許鞍華(アン・ホイ)……42
寧死不屈　Victory over death／1969／アルバニア／G・エレバラ　P・ミルカニ……52

金陵十三釵　2011／中国／張芸謀……81
グォさんの仮装大賞　飛越老人院／2012／中国／張楊……42, 44
グランドマスター　一代宗師／2013／香港・中国・仏／王家衛……78, 133
グリーン・ディスティニー　臥虎蔵龍／2000／中国・香港・台湾・米／李安(アン・リー)……187
クレージー・イングリッシュ　瘋狂英語／1999／中国／張元……100
クレージー・ストーン～翡翠狂騒曲～　瘋狂的石頭／2006／中国・香港／寧浩……22
黒い眼のオペラ　黒眼圏／2006／台湾／蔡明亮……184
黒四角　2012／日本・中国／奥原浩志……46
恋する惑星　重慶森林／1994／香港／王家衛……87
恋の紫煙２　春嬌与志明／2012／香港／彭浩翔……202
強奪のトライアングル　鐵三角／2007／香港／徐克　林嶺東　杜琪峯……134
ココシリ　可可西里／2004／中国／陸川……66
呉清源　極みの棋譜　呉清源／2006／日本・中国／田壮壮……31
胡蝶　羽化する官能　胡蝶／2004／香港／麥婉欣(ヤンヤン・マク)……88
コネクテッド　保持通話／2008／香港・中国／陳木勝(ベニー・チャン)……159
コンシェンス裏切りの炎　火龍／2010／香港／林超賢(ダンテ・ラム)……135


## 【さ】


再生の朝に―ある裁判官の選択―　透析／2009／中国／劉傑……163
再見・また会う日まで　我的兄弟姐妹／2001／中国／兪鐘……19
些細なこと　破事児／2008／香港／彭浩翔……202
ザ・ミッション　非情の掟　鎗火／1999／香港／杜琪峯(ジョニー・トー)……98
ＳＡＹＵＲＩ　2005／米／ロブ・マーシャル……178, 181
さらば我が愛　覇王別姫　覇王別姫／1993／中国・香港／陳凱歌……94, 154
三国志　三国之見龍卸甲／2008／中国・韓国／李仁港(ダニエル・リー)……120, 122
サンザシの樹の下で　山楂樹之恋／2010／中国／張芸謀……80, 198
幸せの黄色いハンカチ　1977／日本／山田洋次……23
地獄でなぜ悪い　2013／日本／園子温……204
上海家族　假装没感覚／2002／中国／彭小蓮……19
柔道龍虎榜　2004／香港／杜琪峯(ジョニー・トー)……98
出エジプト記　出埃及記／2007／香港／彭浩翔……203
小時代１・２　TINY　TIMES／2013／中国／郭敬明……173
女帝 エンペラー　夜宴／2006／中国・香港／馮小剛……187
ジョニー・トー香港ノワールを生きて　Johnnie To: Johnnie Got His Gun／2010／仏・香港／イブ・モンマユー……139
ジョン・ラーベ～南京のシンドラー～　拉貝日記／2009／中国・独・仏／フローリアン・ガレンベルガー……69
白百合クラブ東京へ行く　2003／日本／中江裕司……14
白いリボン　Das weiße Band／2009／ミヒャエル・ハネケ／独・仏・伊・豪……70
真実のマレーネ・ディートリッヒ　Marlene Dietrich:her own song／2001／仏・独・米／J・デイヴィッド・ライヴァ……14
新宿インシデント　新宿事件／2009／香港・日本／爾冬陞……120, 122
人生、いろどり　2012／日本／御法川修……41
人生の特等席　Trouble with the Curve／2012／米／ロバート・ロレンツ……41
シンドラーのリスト　Schindler's List／1993／米／スティーブン・スピルバーグ……69
西瓜　天邊一朶雲／2006／台湾／蔡明亮……185
ＳＰＩＲＩＴ　霍元甲／2006／香港・米／于仁泰(ロニー・ユー)……132
スプリング・フィーバー　春風沈酔的晩上／2009／中国・仏／婁燁……61, 151
世界　2004／中国・日本・仏／賈樟柯……167
セデック・バレ　賽徳克・芭萊／2011／台湾／魏徳聖……75

# 《　掲載映画一覧　》

## 【あ】


| | | |
|---|---|---|
| 青の稲妻 | 任逍遥／2002／中国・日本・韓国・仏／賈樟柯 | 167 |
| 姉貴 | 2007／中国／胡新宇 | 28 |
| あの頃、君を追いかけた | 那些年, 我们一起追的女孩／2011／台湾／ギデンス・コー(九把刀) | 171, 174 |
| アメリカン・ドリーム・イン・チャイナ | 中国合伙人／2013／中国／陳可辛(ピーター・チャン) | 174 |
| 蟻の兵隊 | 2006／日本／池谷薫 | 22 |
| 生きていく日々 | 天水圍的昼與夜／2007／香港／許鞍華(アン・ホイ) | 107, 148 |
| 息もできない | 2009／韓国／ヤン・イクチュン | 105 |
| 活きる | 活着／1994／中国／張芸謀 | 165 |
| イザベラ | 伊莎貝拉／2006／香港／彭浩翔 | 148, 202 |
| 一枚のハガキ | 2011／日本／新藤兼人 | 197 |
| 一瞬の夢 | 小武／1997／中国・香港／賈樟柯 | 167 |
| イップ・マン | 葉問2／2010／香港／葉偉信(ウィルソン・イップ) | 129 |
| イップ・マン序章 | 葉問／2008／香港／葉偉信(ウィルソン・イップ) | 129 |
| イップ・マン最終章 | 葉問終極一戦／2013／香港／邱禮濤(ハーマン・ヤウ) | 133 |
| 葉問前傳 | 2010／香港／邱禮濤(ハーマン・ヤウ) | 132 |
| 生命(いのち)－希望の贈り物 | 生命／2003／台湾／呉乙峰 | 16 |
| インファナル・アフェア　無間道 | 無間道／2002／香港／劉偉強　麥兆輝 | 86, 93, 98, 116 |
| インファナル・アフェアⅡ無間序曲 | 無間序曲／2003／香港／劉偉強　麥兆輝 | 86 |
| インファナル・アフェアⅢ終極無間 | 終極無間／2003／香港／劉偉強　麥兆輝 | 87 |
| インペリアル・パレス | 東宮西宮／1996／中国／張元 | 100 |
| 我愛你(ウォ・アイ・ニー) | 2002／中国／張元 | 100 |
| ウォーロード・男たちの誓い | 投名状／2007／中国・香港／陳可辛(ピーター・チャン) | 120, 122 |
| 運命の子 | 趙氏孤児／2010／中国／陳凱歌 | 199 |
| 永遠の天 | 天長地久／2009／中国／李芳芳 | 154 |
| 永遠のマリアカラス | Callas Forever／2002／伊仏英ルーマニア・スペイン／フランコ・ゼフィレッリ | 14 |
| ＡＶ | 2005／香港／彭浩翔 | 202, 204 |
| エグザイル　絆 | 放・逐／2006／香港・中国／杜琪峯(ジョニー・トー) | 146 |
| 延安の娘 | 2002／日本／池谷薫 | 17 |
| 王妃の紋章 | 満城尽帯黄金甲／2006／香港・中国／張芸謀 | 165, 193 |
| 男たちの挽歌 | 英雄本色／1986／香港／呉宇森(ジョン・ウー) | 98 |
| オペラ座の怪人 | The Phantom of the Opera／2004／米／ジョエル・シュマッカー | 91 |
| 女と銃と荒野の麺屋 | 三槍拍案驚奇／2009／中国／張芸謀 | 158, 165 |
| 女ともだち | 自梳／1997／香港／張之亮(ジェイコブ・チャン) | 119 |


## 【か】


| | | |
|---|---|---|
| 海角七号　君想う、国境の南 | 海角七号／2008／台湾／魏徳聖 | 62, 75, 125 |
| 画皮　あやかしの恋 | 画皮／2008／香港／陳嘉上(ゴードン・チャン) | 138 |
| 花様年華 | 2000／香港／王家衛 | 32, 87 |
| きっとうまく行く | 3 Idiots／2009／インド／ラージクマール・ヒラニ | 175 |
| 君よ憤怒の河を渉れ | 1976／日本／佐藤純彌 | 22 |
| 牛乳先生 | 一只花奶牛／2004／中国／楊瑾 | 169 |
| 帰来 | 2014／中国／張芸謀 | 80 |

小林 美恵子（こばやし みえこ）
1951年生まれ。
お茶の水女子大学大学院文学研究科修士課程修了。
都立高校教員を経て、現在は早稲田大学非常勤講師。
専攻は日本語学、社会言語学（談話研究・ジェンダー論）。
映画好きで、特に中国語圏映画ウオッチャーを志している。
おもな共編著として、
『女性の呼び方大研究』（三省堂）
『颯爽たる女たち－明治生まれ、ことばで綴る100年の歴史』（梨の木舎）
『日本人にとっても外国人にとっても心地よい日本語』（明石書店）
『世界をつなぐことば』（三元社）
『合本 女性のことば（職場編）・男性のことば（職場編）』（ひつじ書房）
など。

TH SERIES ADVANCED

中国語圏映画、この10年
娯楽映画からドキュメンタリーまで、
熱烈ウォッチャーが観て感じた100本

著 者　小林美恵子

発行日　2015年2月6日

発行人　鈴木孝
発 行　有限会社アトリエサード
東京都新宿区高田馬場1-21-24-301 〒169-0075
TEL.03-5272-5037 FAX.03-5272-5038
http://www.a-third.com/ th@a-third.com
振替口座／00160-8-728019
発 売　株式会社書苑新社
印 刷　モリモト印刷株式会社
定 価　本体1800円＋税
ISBN978-4-88375-192-1 C0074 ¥1800E

 Printed in JAPAN

www.a-third.com

◎TH Series ADVANCED 〜新たな知見を拓く評論書・エッセイ集

**樋口ヒロユキ「真夜中の博物館〜美と幻想のヴンダーカンマー」**
978-4-88375-170-9／四六判・320頁・カバー装・税別2500円
●ジャンルの枠を取り払い、種々雑多な作品群を併置して眺めた、現代美術から文学、サブカルまで、奇妙で不思議な評論集！

**岡和田晃「『世界内戦』とわずかな希望〜伊藤計劃・SF・現代文学」**
978-4-88375-161-7／四六判・320頁・カバー装・税別2800円
●第5回日本SF評論賞優秀賞を受賞した期待の論客が、さまざまな雑誌等に発表してきた評論を1冊に集約！ 次代の文学論集！

**相馬俊樹「テリブル・ダークネス〜カルトアートの恐怖の回廊」**
978-4-88375-157-0／四六判・128頁・カバー装・税別1800円
●恐怖の遺産を再生する海外のカルト的作家11人を多数の図版とともに紹介！また、先達の作品の恐怖と逸楽の情景を解き明かす。

**相馬俊樹「エロス・エゾテリック〈新・禁断異系の美術館〉」**
978-4-88375-134-1／A5判変型・136頁・カバー装・税別2000円
●エロスと神秘の結婚！ エロティシズムや死のイメージを通して、神秘の領域へのアプローチを試みるアーティストたち。カラー口絵あり。

**飯沢耕太郎×相馬俊樹「異界の論理〜写真とカタストロフィー」**
978-4-88375-127-3／四六判・192頁・カバー装・税別1800円
●危険な想像力にあふれ、常識を揺さぶるアーティストたちのシャーマン的資質とは！「異界の論理」を探るアート論対談。

**飯沢耕太郎「これが写真だ！ 2 クロニクル2010」**
978-4-88375-123-5／四六判変型・336頁・カバー装・税別1500円
●これは、写真を巡る時代状況のドキュメント！ 広く深い視点で、写真をキーに「今」という時代を鋭く切る超保存版クロニクル。

**飯沢耕太郎「これが写真だ！ クロニクル2009」**
978-4-88375-112-9／四六判変型・288頁・カバー装・税別1500円

**「種村季弘と美術のラビリントス〜イメージの迷宮へようこそ」**
978-4-88375-117-4／A5判変型・160頁・カバー装・税別1800円
●グロテスク、エロティシズム、悪魔、世紀末、人形…種村の単行本未収録の美術評論６編収録。写真や資料、ご子息との対談等も。

**相馬俊樹「禁断異系の美術館3 エロスのハードコア」**
978-4-88375-113-6／四六判・192頁・カバー装・税別2000円
●ハードでディープな、極限まで突き進んだラジカルな作品群を解題、その源流としての古典ヌードもエロスの見地から読み解く。

**相馬俊樹「禁断異系の美術館1 エロスの畸形学」**
978-4-88375-101-3／四六判・192頁・カバー装・税別2000円
●澁澤龍彦や種村季弘らが切り開いてきた異端芸術の"いま"。さまざまな性癖をアートに昇華する異系の作家たちを紹介！

**小林嵯峨「うめの砂草—舞踏の言葉」**
4-88375-075-2／四六判・128頁・カバー装・税別1500円
●土方巽から舞踏を受け継ぎ35年にわたり踊り続ける魔為姫（まいひめ）が、舞踏の真髄を綴った珠玉の書。秘蔵写真多数収録!!